SPSSによる
心理分析のための
統計処理の手順

石村友二郎著・石村貞夫監修

東京図書

◆本書で使われているデータは,
東京図書のホームページ http://www.tokyo-tosho.co.jp
よりダウンロードすることができます.

まえがき

まえがき

心理分析とくれば，だれがなんといっても

因子分析

を連想します．そして，この因子分析には，

主因子法による因子分析

最尤法による因子分析

確認的因子分析

多母集団の同時因子分析

など，さまざまなタイプの因子分析があります．

　この中でも，特に**多母集団の同時因子分析**は手順が複雑ですが，その分，実りの多い分析結果が得られます．

　そこで，この本の前半では，これらの因子分析たちをすべて取り上げました．

　心理分析ではアンケート調査の結果を分析することが多いので，この本の後半では，カテゴリカルな分析方法をいくつか紹介しています．

　数多くの統計処理の中から，この本で取り上げた統計処理は，心理分析に使ってみると，

- なんとなく面白そうだ
- なんとなく役に立つのでは
- これなら論文が書けそうだ

といった手法をよりすぐりました．

この本のデータは
統計処理の説明が
わかりやすくなるように
作成しています

最尤法や Amos などでは，

　　　　「誤差の動きは正規性を仮定する」

といった条件があり，アンケート調査によっては，

この条件を満たさない場合もあると思います．

　もともと人間の心理はよくわからないもの

　誤差についても，揺れ動く人の心のように，あまり気にしないでおきましょう．

この本では，

　　　　　SPSS　　　Amos

といった統計解析用ソフトを使って，快適に心理分析をおこないます．

　SPSS や Amos を使えば，難解な計算もさほど気にすることもなく

あっという間に，思い通りの統計処理をすることができるでしょう．

　この本を書くにあたり，SPSS のアルゴリズムや Amos の細かい手順について，

元 IBM SPSS の牧野泰江さんに大変お世話になりました．深く感謝いたします．

　いつもそばにいて励ましてくれた美咲，舜亮，美絢の 3 人に感謝します．

　最後に，東京図書編集部の河原典子さんにはいつものように

大変ご迷惑をおかけしました．

深く感謝いたします．

　令和 5 年 7 月吉日　伊予の国　宇摩郡上分村

　　　　　　　　お遍路さんのこないお遍路宿にて

◆本書では IBM SPSS Statistics 29 を使用しています.
　SPSS 製品に関する問い合わせ先：
　〒 103-8510 東京都中央区日本橋箱崎町 19-21
　日本アイ・ビー・エム株式会社　クラウド事業本部 SPSS 営業部
　URL http://www.ibm.com/contact/jp/ja/

目 次

第5章　確認的因子分析

SPSS による
心理分析のための統計処理の手順

第1章　パス図を楽しむ

1.1 パス図とは

科学者の書いた随筆を読んでいると

　　"思考を方法的ならしむ"

といった意味の文章がよく出てきます.

　……. 考えあぐねていたとき，なにげなくノートに

絵のようないたずらがきを描いていると

次第に頭の中が整理され

理論が浮かび上がってくる. ……

パス図も，"思考を方法的ならしめる手段"として，有効です．

次のような図をパス図といいます．

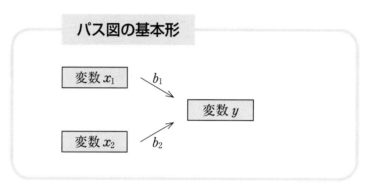

● □ は，データの変数で，観測変数といいます．

● $\xrightarrow{b_1}$ は，パス係数といいます．

このパス図をながめていると
次の重回帰モデル式が浮かび上がってきます．

$$y = \beta_1 \times x_1 + \beta_2 \times x_2 + \beta_0 + \varepsilon$$

【いろいろなパス図】

パス図には，次のようにいろいろな形があります．

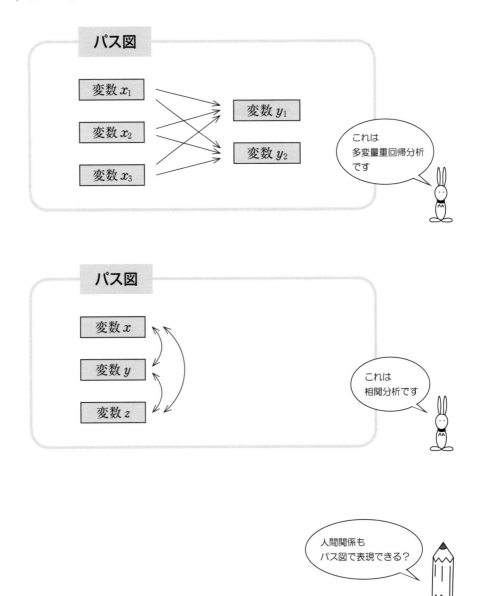

さらに，因子分析や主成分分析では

第 1 因子   第 1 主成分

といったデータとしては測定されない変数があります．

この変数を

潜在変数 … ⬭

といいます．

● 因子分析の潜在変数は，次のようになります．

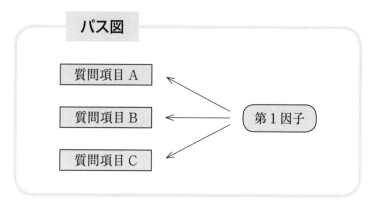

● 主成分分析の潜在変数は，次のようになります．

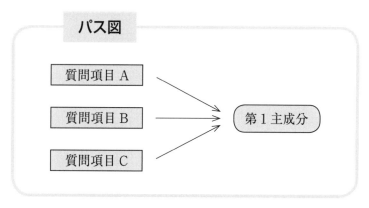

【モデル式とパス図・その1】

● 単回帰分析のモデル式は，次のようになります．

モデル式

$$y = \beta \times x + a + \varepsilon$$

ε は誤差です

このモデル式をパス図で表現すると……

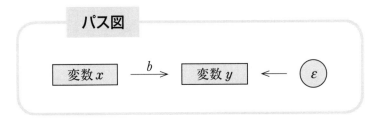

パス図

変数 x $\xrightarrow{\ b\ }$ 変数 y $\longleftarrow$ ε

のようになります．

誤差 ε は，測定されない変数なので，

潜在変数になります．

定数項 a は
どこ？

● 重回帰分析のモデル式は，次のようになります．

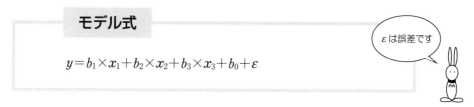

モデル式

$$y = b_1 \times x_1 + b_2 \times x_2 + b_3 \times x_3 + b_0 + \varepsilon$$

ε は誤差です

このモデル式をパス図で表現すると……

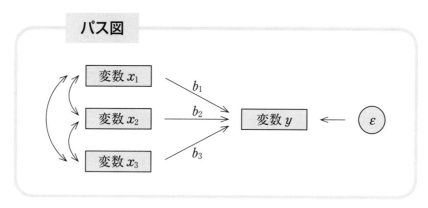

パス図

変数 x_1 — b_1 →
変数 x_2 — b_2 → 変数 y ← ε
変数 x_3 — b_3 →

のようになります．

● 双方向の矢印は

　　　　相関係数　　　共分散

を表しています．

定数項 b_0 は
描かなくていいの？

【モデル式とパス図・その2】

● 因子分析のモデル式は，次のようになります．

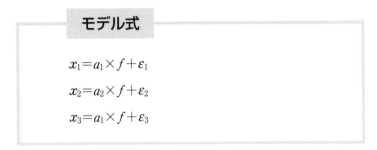

モデル式

$$x_1 = a_1 \times f + \varepsilon_1$$

$$x_2 = a_2 \times f + \varepsilon_2$$

$$x_3 = a_1 \times f + \varepsilon_3$$

このモデル式をパス図で表現すると……

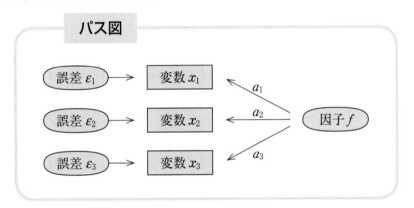

パス図

のようになります．

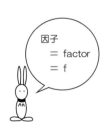

因子
= factor
= f

● 主成分分析のモデル式は，次のようになります．

モデル式

$$z = a_1 \times x_1 + a_2 \times x_2 + a_3 \times x_3$$

このモデル式をパス図で表現すると……

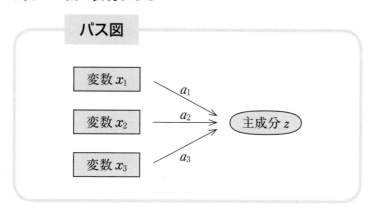

パス図

のようになります．

Attention Please!
主成分分析には
誤差変数がありません

【双方向の矢印】

相関分析のパス図は？

相関分析では，変数間の相関係数を調べます．

この相関係数は，変数と変数の関係なので

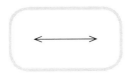

という記号を使います．

したがって，相関分析のパス図は，

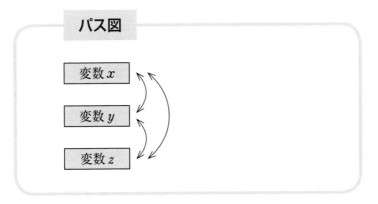

のようになります．

この双方向の矢印は,

  共分散

を表すことがあります.

標準化をすると, この共分散は

  相関係数

になります.

データの標準化

次の変換を データの標準化 といいます.

$$\text{データ} \longmapsto \frac{\text{データ} - \text{平均値}}{\text{標準偏差}}$$

この標準化により

  平均値 $\bar{x}$ $\longmapsto$ 0

  標準偏差 s $\longmapsto$ 1

のように変換されるので……

$$x \text{ と } y \text{ の相関係数} = \frac{x \text{ と } y \text{ の共分散}}{\sqrt{x \text{ の分散}} \times \sqrt{y \text{ の分散}}}$$

$$= \frac{x \text{ と } y \text{ の共分散}}{\sqrt{1} \times \sqrt{1}}$$

標準化すると
変数のもっている単位の影響が
なくなります

第2章 Amos によるパス図の描き方

Amos の画面上に，ツールボックスを使いながら
次のパス図を描いてみましょう．

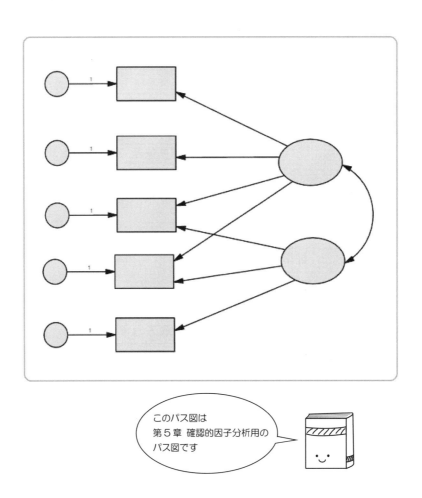

このパス図は
第5章 確認的因子分析用の
パス図です

【ツールボックス全図】

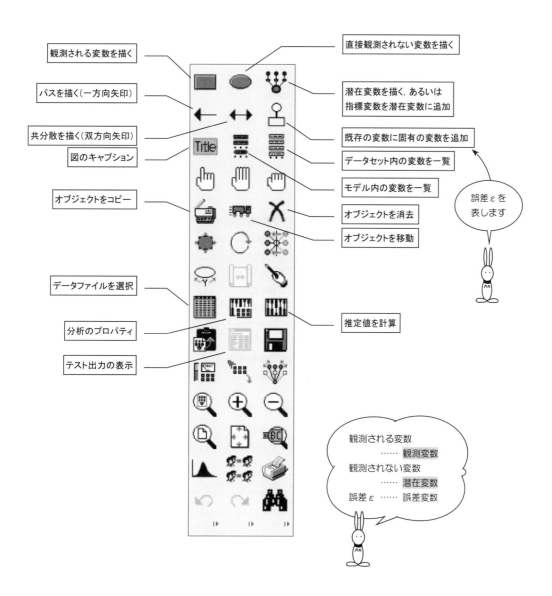

観測される変数を描く

直接観測されない変数を描く

パスを描く（一方向矢印）

潜在変数を描く，あるいは
指標変数を潜在変数に追加

共分散を描く（双方向矢印）

既存の変数に固有の変数を追加

図のキャプション

データセット内の変数を一覧

モデル内の変数を一覧

オブジェクトをコピー

オブジェクトを消去

オブジェクトを移動

誤差 ε を
表します

データファイルを選択

分析のプロパティ

推定値を計算

テスト出力の表示

観測される変数
　　…… 観測変数
観測されない変数
　　…… 潜在変数
誤差 ε …… 誤差変数

【統計処理の手順】

手順 ① はじめに SPSS のデータファイルを画面上に開いておきます.

分析 をクリックして

分析 → IBM SPSS Amos

を選択します.

> これは SPSS の画面ですが
> Amos 単独でも開きます

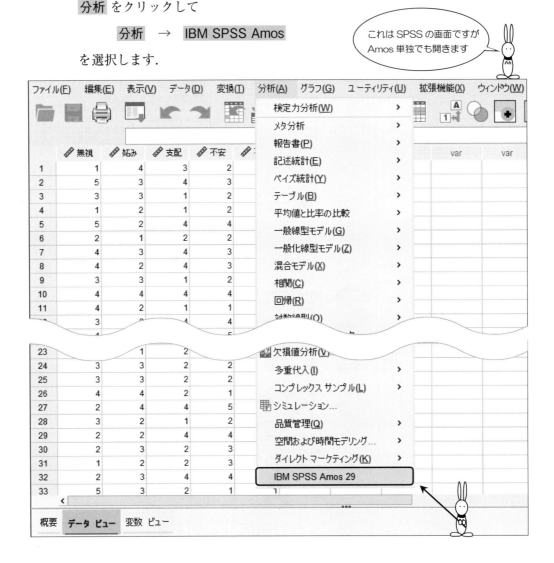

手順 2 次の Amos Graphics の画面が現れるので

マウスをツールバーの ▭ のところへもってゆき

クリックすると，マウスのカーソルがポインタ ▭ に変わります．

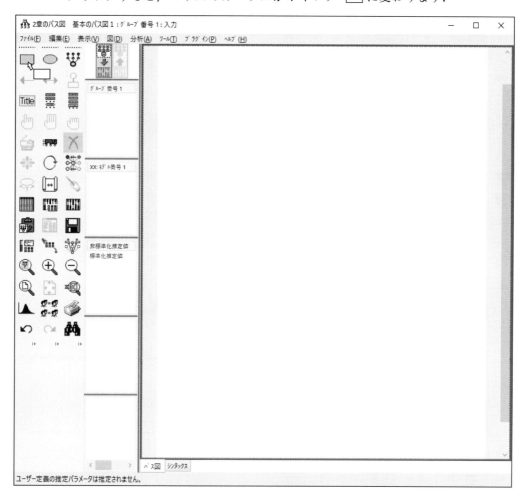

手順 3 このポインタを，長方形を作りたい位置へもってゆき

マウスをクリックしたまま引っぱると

次のような長方形ができます．

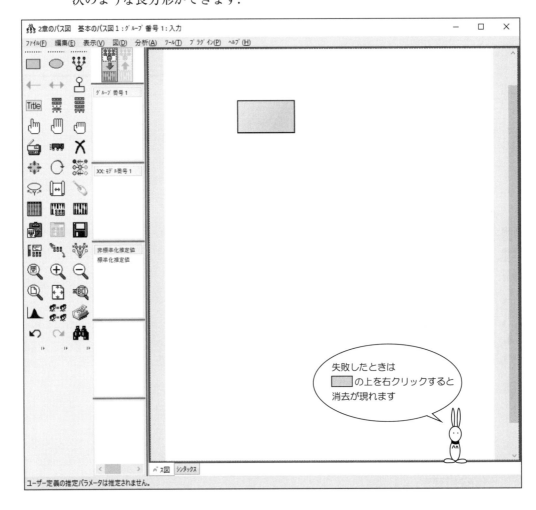

手順 4 同じようにして長方形を4つ作ります.

ツールボックス の コピー を利用すると，きれいに作れます.

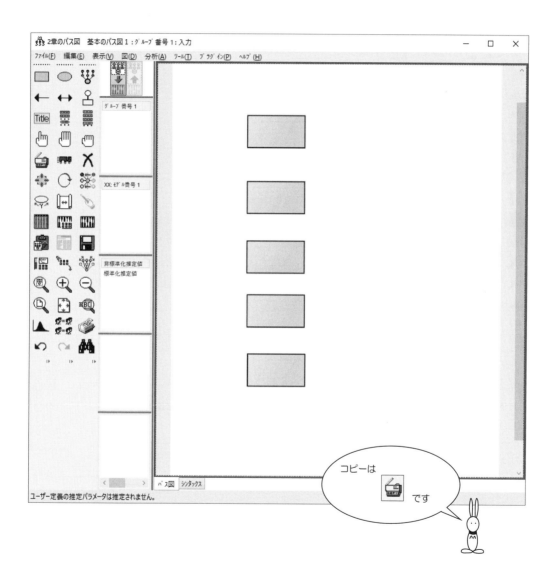

手順⑤ 次に ⬭ を使って,

潜在変数を2個, 次のように作ります.

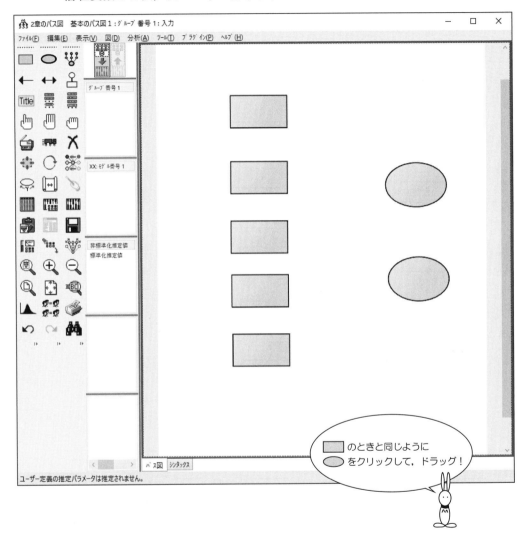

手順 ⑥ 誤差変数は 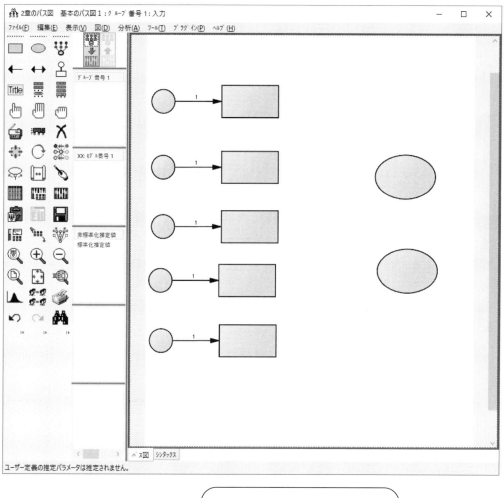 をクリックして,

次のように配置します.

クリックするたびに位置が変わります

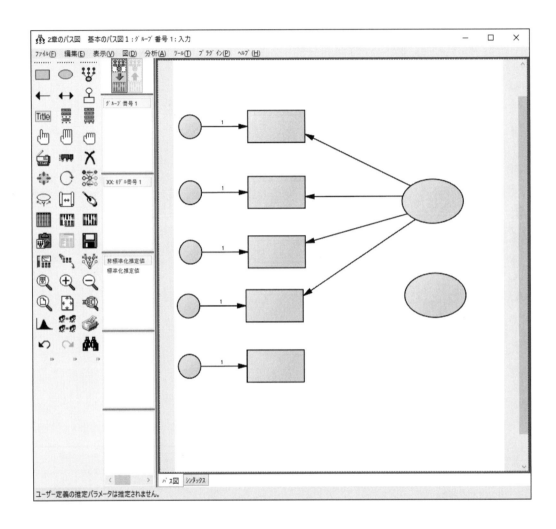

手順 **7** 次に p.12 のパス図を見ながら,

◀── を使って矢印を入れます.

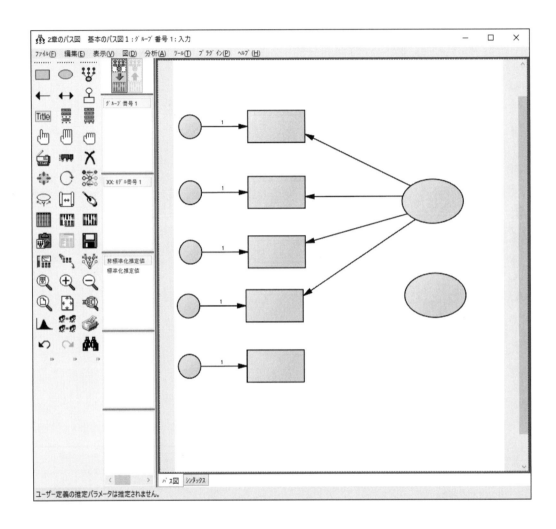

手順 8 次に，共分散のための双方向の矢印を入れます．

←→ を使って，上の楕円から下の楕円へポインタを引っぱると

次のようになります．

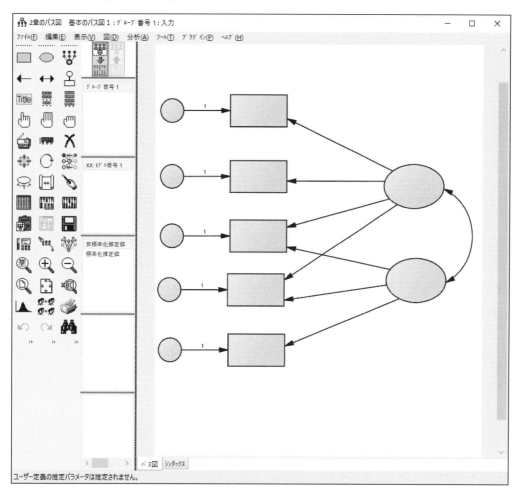

手順 9 このパス図を保存しておきます.

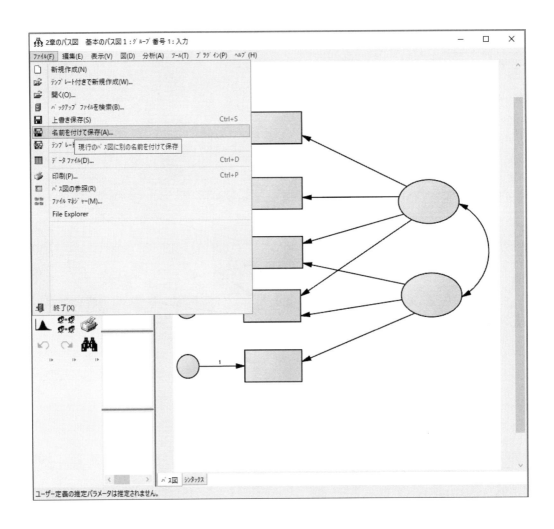

手順 10 次の画面になったら

ファイル名を「基本のパス図」

として，保存しておきます.

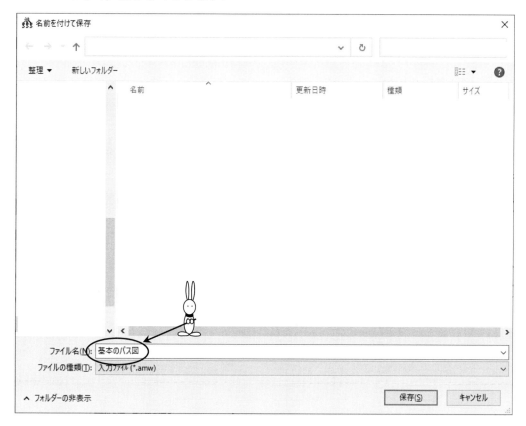

第*3*章 主因子法による因子分析

3.1 因子分析とは

因子分析は，次の図のように

いくつかの要因 A，B，C のもとにある

共通な要因

を調べる統計手法のことです．

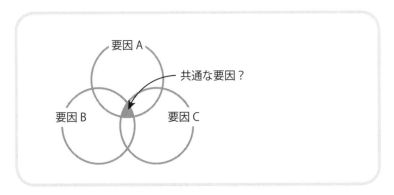

この要因 A，B，C はデータとして測定できる変数なので

観測変数

といいます．

共通な要因はデータとして測定できない変数なので

潜在変数

といいます．

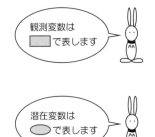

観測変数は
　　で表します

潜在変数は
　　で表します

このとき，次のようなパス図を描いてみると，
思考がより明確になってきます．

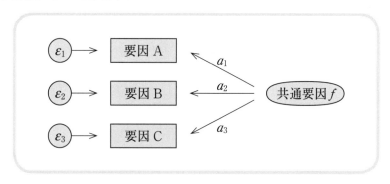

この矢印の向きは，変数間の関係を表しています．

因子分析では，この共通因子を

因子 f

といい，

パス係数 a_1, a_2, a_3 を

因子負荷

といいます．

したがって，因子分析とは

"因子負荷 a_1, a_2, a_3 の大きさを見ながら

共通要因 f は何か？"

を読み解く手法です．

【研究目的】

　子供たちの間で問題になっている"いじめ"を研究目的とします.

　そこで，次の7つの項目について，アンケート調査をおこない，

　　　"いじめをする子供たちの心の奥底に何が潜んでいるのか"

を調べます.

【　　アンケート調査票　　】

項目1. あなたは嫌がらせをしたいと思うことがありますか？ 　　　　　　　　　　　　　　【嫌がらせ】

　　　　　ない ←――　　　　　　　　　　　　　　　　　　　　――→ ある

　　　1··········2··········3··········4··········5

項目2. あなたは友達を無視することがありますか？ 　　　　　　　　　　　　　　　　　　　　【無視】

　　　　　ない ←――　　　　　　　　　　　　　　　　　　　　――→ ある

　　　1··········2··········3··········4··········5

項目3. あなたは友達をねたみやすいですか？ 　　　　　　　　　　　　　　　　　　　　　　　【妬み】

　　　　　ない ←――　　　　　　　　　　　　　　　　　　　　――→ ある

　　　1··········2··········3··········4··········5

項目4. あなたは相手を自分の思うようにしたいと思いますか？ 　　　　　　　　　　　　　　【支配】

　　　　　ない ←――　　　　　　　　　　　　　　　　　　　　――→ ある

　　　1··········2··········3··········4··········5

項目5. あなたはときどき不安な気持ちになりますか？ 　　　　　　　　　　　　　　　　　　　【不安】

　　　　　ない ←――　　　　　　　　　　　　　　　　　　　　――→ ある

　　　1··········2··········3··········4··········5

項目6. あなたは友達を作るのが苦手ですか？ 　　　　　　　　　　　　　　　　　　　　　【人間関係】

　　　　　ない ←――　　　　　　　　　　　　　　　　　　　　――→ ある

　　　1··········2··········3··········4··········5

項目7. あなたはほしいものが手に入らないと腹が立ちますか？ 　　　　　　　　　　　　　　【不満】

　　　　　ない ←――　　　　　　　　　　　　　　　　　　　　――→ ある

　　　1··········2··········3··········4··········5

【統計処理の流れ】

統計処理 0

アンケート調査をおこない，データを集めます．　　　　　☞ p. 32

統計処理 1

主因子法による因子分析をおこない，

因子を抽出します．　　　　　☞ p. 42

統計処理 2

抽出した因子をバリマックス回転し，

因子負荷の値から，因子に名前をつけます．　　　　　☞ p. 43

統計処理 3

第1因子を横軸に，第2因子を縦軸にとり，

調査対象者の位置を平面上に展開してみましょう．　　　　　☞ p. 45

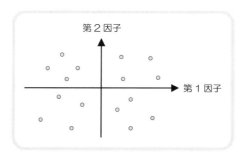

『SPSSによる
アンケート調査のための
統計処理』
も参考になります

【想定しているパス図】

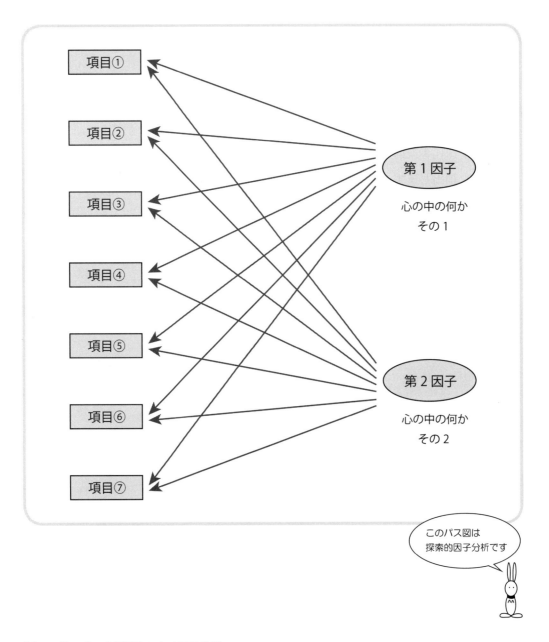

【主因子法による因子負荷の求め方】

ところで

主因子法とは？

因子 f が 1 個の場合について考えてみましょう.

因子分析のモデル式を

$$\begin{cases} x_1 = a_1 \times f + \varepsilon_1 \\ x_2 = a_2 \times f + \varepsilon_2 \\ x_3 = a_3 \times f + \varepsilon_3 \end{cases}$$

⇦ p.8

とします.

このモデル式には，次のような仮定がつきます.

仮定 1　$\mathrm{Cov}(\varepsilon_1, \varepsilon_2) = 0$,　$\mathrm{Cov}(\varepsilon_1, \varepsilon_3) = 0$,　$\mathrm{Cov}(\varepsilon_2, \varepsilon_3) = 0$

仮定 2　$\mathrm{Cov}(\varepsilon_1, f) = 0$,　$\mathrm{Cov}(\varepsilon_2, f) = 0$,　$\mathrm{Cov}(\varepsilon_3, f) = 0$

仮定 3　$\mathrm{Var}(f) = 1$

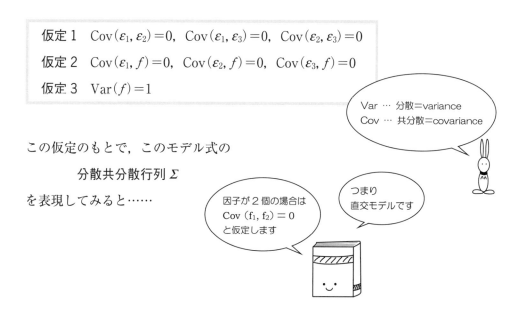

Var … 分散＝variance
Cov … 共分散＝covariance

この仮定のもとで，このモデル式の

分散共分散行列 Σ

を表現してみると……

因子が 2 個の場合は
$\mathrm{Cov}(f_1, f_2) = 0$
と仮定します

つまり
直交モデルです

このモデル式による分散共分散行列 Σ は次のようになります.

$$\Sigma = \begin{bmatrix} a_1{}^2 + \mathrm{Var}(\varepsilon_1) & a_1 a_2 & a_1 a_3 \\ a_2 a_1 & a_2{}^2 + \mathrm{Var}(\varepsilon_2) & a_2 a_3 \\ a_3 a_1 & a_3 a_2 & a_3{}^2 + \mathrm{Var}(\varepsilon_3) \end{bmatrix}$$

モデルの
分散共分散行列

この分散共分散行列は,さらに,次のように変形できます.

$$\Sigma = \begin{bmatrix} a_1{}^2 & a_1 a_2 & a_1 a_3 \\ a_2 a_1 & a_2{}^2 & a_2 a_3 \\ a_3 a_1 & a_3 a_2 & a_3{}^2 \end{bmatrix} + \begin{bmatrix} \mathrm{Var}(\varepsilon_1) & 0 & 0 \\ 0 & \mathrm{Var}(\varepsilon_2) & 0 \\ 0 & 0 & \mathrm{Var}(\varepsilon_3) \end{bmatrix}$$

$$\Sigma = \underbrace{\begin{bmatrix} a_1 \\ a_2 \\ a_3 \end{bmatrix}}_{\Lambda_f} \underbrace{\begin{bmatrix} a_1 & a_2 & a_3 \end{bmatrix}}_{\Lambda_f{}^t} + \underbrace{\begin{bmatrix} \mathrm{Var}(\varepsilon_1) & 0 & 0 \\ 0 & \mathrm{Var}(\varepsilon_2) & 0 \\ 0 & 0 & \mathrm{Var}(\varepsilon_3) \end{bmatrix}}_{D}$$

因子負荷行列を A_f
誤差の行列を D とおけば
$\Sigma = \Lambda_f \cdot \Lambda_f{}^t + D$
となります

詳しい説明は文献［10］p.29,
§4.3 因子分析の分散共分散行列
を参照してください

データの変数 x_1, x_2, x_3 による分散共分散行列 Σ は
次のようになります.

$$\Sigma = \begin{bmatrix} \mathrm{Var}(x_1) & \mathrm{Cov}(x_1, x_2) & \mathrm{Cov}(x_1, x_3) \\ \mathrm{Cov}(x_2, x_1) & \mathrm{Var}(x_2) & \mathrm{Cov}(x_2, x_3) \\ \mathrm{Cov}(x_3, x_1) & \mathrm{Cov}(x_3, x_2) & \mathrm{Var}(x_3) \end{bmatrix}$$

そこで

$$\begin{bmatrix} \text{モデル式の} \\ \text{分散共分散行列} \end{bmatrix} \rightleftarrows \begin{bmatrix} \text{データの} \\ \text{分散共分散行列} \end{bmatrix}$$

を比較すれば

"データの分散共分散行列 Σ から,因子負荷 $\begin{bmatrix} a_1 \\ a_2 \\ a_3 \end{bmatrix}$ を求める"

ことができそうな気がしてきます！

この考え方が,主因子法の出発点です！！

【データ入力の型】

アンケート調査の結果を，次のように入力します．

データは
東京図書HPから
ダウンロード
できます

表 3.1 少年のグループ

	嫌がらせ	無視	妬み	支配	不安	人間関係	不満
1	3	1	4	3	2	2	2
2	1	5	3	4	3	3	5
3	3	3	3	1	2	1	2
4	4	1	2	1	2	3	3
5	2	5	2	4	4	4	4
6	3	2	1	2	2	2	1
7	3	4	3	4	3	4	4
8	3	4	3	4	3	4	4
9	4	3	3	1	2	1	2
10	1	4	4	4	4	4	4
11	4	4	2	1	1	1	2
12	3	1	2	4	4	2	4
13	3	1	3	3	5	2	5
14	1	5	5	5	5	5	5
15	4	2	3	1	1	3	2
16	4	2	2	1	2	2	3
17	3	4	5	3	3	4	3
18	2	3	5	3	3	4	4
19	4	1	1	2	2	3	2
20	1	3	5	5	5	2	4
21	1	4	5	5	5	5	5
22	4	1	1	2	2	3	4
23	4	1	1	2	5	2	1
24	4	3	3	2	2	2	3
25	4	3	3	2	2	4	3
26	3	4	4	2	1	3	2
27	1	2	4	4	5	5	4
28	5	3	2	1	2	1	1
29	3	2	2	4	4	3	3
30	5	2	3	2	3	2	2

30	5	2	3	2	3	2	2
31	4	1	2	2	3	3	3
32	4	2	3	4	4	3	5
33	3	5	3	2	1	2	1
34	1	5	4	4	3	2	3
35	2	3	5	5	5	5	5
36	2	4	5	3	3	3	2
37	2	4	4	5	5	4	4
38	4	3	4	2	2	3	3
39	3	3	2	5	5	3	3
40	1	4	3	4	4	4	4
41	5	3	4	1	1	1	1
42	1	4	3	4	4	3	3
43	2	5	5	2	3	2	2
44	3	3	2	5	4	2	3
45	1	4	3	4	4	4	4
46	2	4	3	4	5	4	3
47	3	4	2	4	3	3	4
48	2	4	4	4	4	4	4
49	3	4	5	1	1	2	1
50	1	5	2	4	4	2	3
51	2	3	4	3	3	4	3
52	4	5	3	3	3	3	4
53	2	5	5	4	4	2	3
54	5	1	4	2	3	1	2
55	1	3	4	4	4	4	4
56	5	2	2	2	1	1	2
57	4	2	3	2	3	2	3
58	3	5	5	3	2	3	2
59	2	5	3		2	2	1
60	4	3				3	5
61	4	1				3	4
62	3	3				3	2
63	2	4	2			5	3
64	4	4	5	3	3	3	4

データ入力のくわしい手順は
参考文献［23］
を参照してください

3.1 因子分析とは 33

3.2 主因子法による統計処理の手順

手順① データを入力したら，分析(A) のメニューから，次のように

次元分解(D) → 因子分析(F)

と選択します.

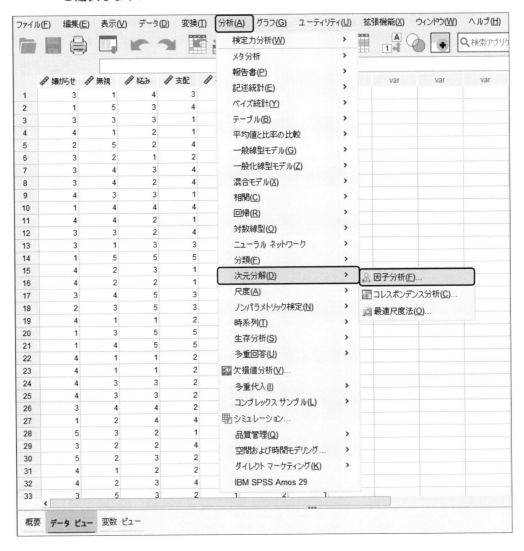

手順 2 因子分析の画面になったら

7つの変数をすべて **変数(V)** に移動して,

因子抽出(E) をクリック.

手順 3 因子抽出の画面になったら, 次のように

主因子法 を選択. そして **続行** .

手順2の画面にもどったら, **回転(T)** をクリック.

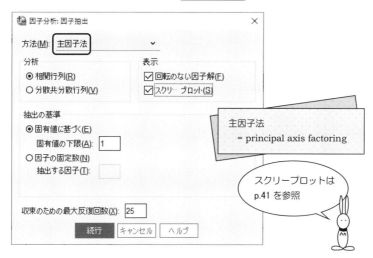

主因子法
= principal axis factoring

スクリープロットは
p.41 を参照

手順 4 回転の画面では，次のように

○ バリマックス(V) を選択して， 続行 .

手順 2 の画面にもどったら， 記述統計(D) をクリック.

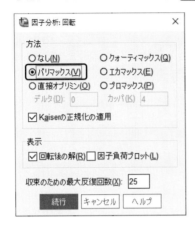

バリマックス？

バリマックス = varimax

手順 5 記述統計の画面では，次のように

□ KMOとBarlett の球面性検定(K) を選択して 続行 .

手順 2 の画面にもどったら， オプション(O) をクリック.

KMO は
因子分析の妥当性を
調べる統計量

手順⑥ オプションの画面では，次のように

　　　　　　□ サイズによる並び替え(S)

を選択して，　続行　.

ここを選んでおくと
出力したときに
見やすくなります

手順⑦ 手順2の画面にもどったら，　得点(S)　をクリック.

因子得点の画面になったら

　　　　　　□ 変数として保存(S)

をクリックして　続行　.

あとは　　OK　　ボタンをクリックします.

【SPSS による出力・その 1】——主因子法による因子分析

因子分析

KMO および Bartlett の検定

Kaiser-Meyer-Olkin の標本妥当性の測度		.780	← ①
Bartlett の球面性検定	近似カイ 2 乗	232.553	
	自由度	21	
	有意確率	<.001	← ②

共通性

	初期	因子抽出後	
嫌がらせ	.637	.725	
無視	.455	.647	
妬み	.229	.278	
支配	.804	.869	← ③
不安	.716	.722	
人間関係	.489	.487	
不満	.581	.618	

因子抽出法: 主因子法

【出力結果の読み取り方・その1】——主因子法による因子分析

←① カイザー・マイヤー・オルキンの妥当性

この値が 0.5 未満のときは

　　　　"因子分析をおこなうことへの妥当性がない"

と考えられています.

このデータの場合, 妥当性が $\boxed{0.780}$ なので,

因子分析をおこなう妥当性があります.

←② バートレットの球面性の検定

　　　　仮説 H_0：相関行列は単位行列である.

　　　　有意確率 $\boxed{<0.001}$ ≦有意水準 0.05

なので, 仮説 H_0 は棄却されます.

したがって, 相関係数が $\boxed{0}$ にならない変数があります.

つまり, 変数間に相関があるので,

共通因子を考えることに意味があります.

←③ 共通性は, その変数が因子の中でもっている情報量です.

したがって, 共通性の値が $\boxed{0}$ に近い変数は

情報量が少ないので分析から除いた方がよいかもしれません.

【SPSS による出力・その2】 ——主因子法による因子分析

説明された分散の合計

因子	初期の固有値 合計	初期の固有値 分散の %	抽出後の負荷量平方和 合計	抽出後の負荷量平方和 分散の %	回転後の負荷量平方和 合計	回転後の負荷量平方和 分散の %	
1	3.694	52.767	3.379	48.265	2.833	40.472	← ④
2	1.395	19.931	.966	13.804	1.512	21.597	
3	.648	9.260					
4	.509	7.272					
5	.387	5.524					
6	.234	3.342					
7	.133	1.905					

因子抽出法: 主因子法

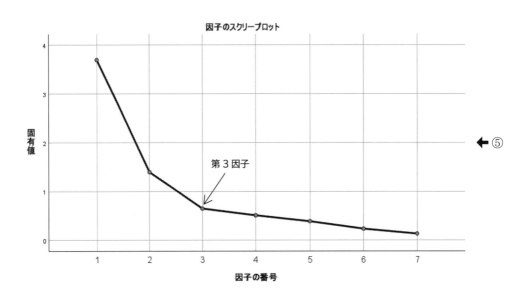

← ⑤

【出力結果の読み取り方・その2】──主因子による因子分析

←④　因子の固有値を大きさの順に並べています.

相関行列による因子分析なので,

固有値（＝情報量）が 1 より大きい因子を取り上げます.

したがって, 取り上げる因子は

第 1 因子　　第 2 因子

となります.

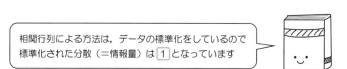

固有値
　＝情報量
　＝分散

相関行列による方法は, データの標準化をしているので
標準化された分散（＝情報量）は $\boxed{1}$ となっています

←⑤　因子のスクリープロットです.

固有値の大きさを折れ線グラフで表現しています.

この図を見ると, 第 3 因子から先は固有値に変化はありません.

したがって, 取り上げる因子は

第 1 因子　　第 2 因子

が適当と考えられます.

【SPSS による出力・その3】——主因子法による因子分析

因子行列[a]

	因子	
	1	2
支配	.923	.129
嫌がらせ	-.791	.314
不安	.782	.333
不満	.713	.331
人間関係	.692	.093
無視	.437	-.675
妬み	.334	-.408

因子抽出法: 主因子法

← ⑥

回転後の因子行列[a]

	因子	
	1	2
支配	.874	.325
不安	.846	.079
不満	.785	.048
人間関係	.653	.247
無視	.063	.802
嫌がらせ	-.547	-.652
妬み	.100	.518

因子抽出法: 主因子法
回転法: Kaiser の正規化を伴うバリマックス法

← ⑦

この名前のつけ方は
研究者にまかされています

【出力結果の読み取り方・その3】——主因子法による因子分析

←⑥　バリマックス回転前の因子負荷です.

←⑦　バリマックス回転後の因子負荷です.

　　　この値を見ながら因子に名前をつけます.

　　　　　●第1因子は

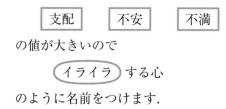

　　　　　の値が大きいので

　　　　　　　イライラ　する心

　　　　　のように名前をつけます.

　　　　　●第2因子は

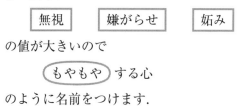

　　　　　の値が大きいので

　　　　　　　もやもや　する心

　　　　　のように名前をつけます.

名前のつけ方は
研究者にまかされています

【SPSS による出力・その4】——主因子法による因子分析

	不安	人間関係	不満	FAC1_1	FAC2_1	var
1	2	2	2	-.165	-.564	
2	3	3	5	.537	1.207	
3	2	1	2	-1.378	.028	
4	2	3	3	-.684	-1.306	
5	4	4	4	.641	.692	
6	2	2	1	-.855	-.492	
7	3	4	4	.574	.233	
8	3	4	4	.591	.104	
9	2	1	2	-1.397	-.311	
10	4	4	4	.774	.888	
11	1	1	2	-1.709	.110	
12	4	2	4	.707	-.469	
13	5	2	5	.939	-1.415	← ⑧
14	5	5	5	1.487	1.221	
15	1	3	2	-1.213	-.537	
16	2	2	3	-.940	-.918	
	3	4	3	.056		
					.489	
56	1	1	2	-1.010	-.994	
57	3	2	3	-.366	-.906	
58	2	3	2	-.675	1.175	
59	2	2	1	-1.321	1.302	
60	4	3	5	.565	-.921	
61	3	3	4	.520	-1.607	
62	1	3	2	-.932	.235	
63	5	5	3	.896	.246	
64	3	3	4	.000	.105	
65						

第1因子得点　　　第2因子得点

【出力結果の読み取り方・その4】——主因子法による因子分析

←⑧ 第1因子得点と第2因子得点です.

第1因子得点を横軸に,第2因子得点を縦軸にとり,
散布図を描くと,次のようになります.

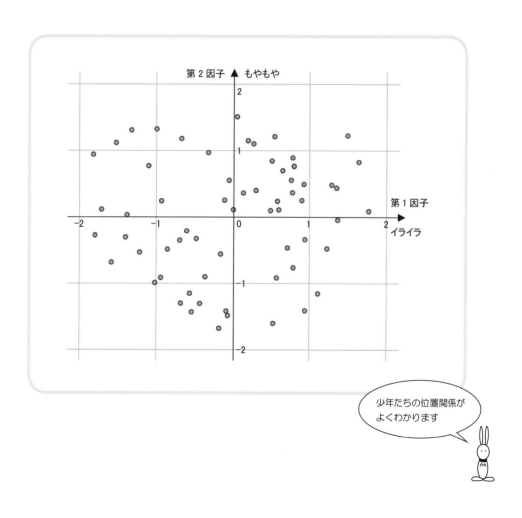

少年たちの位置関係が
よくわかります

第4章

最尤法による因子分析

4.1 最尤法とは？

最尤法とは，

$$\text{``尤もらしいパラメータを求める方法''}$$

のことです．

尤もらしいとは，"確率が最大になる" ことを意味します．

たとえば，正規母集団 $N(\mu, \sigma^2)$ の 2 つのパラメータ

$$\text{母平均 } \mu, \quad \text{母分散 } \sigma^2$$

を推定したいとします．

そこで，正規母集団 $N(\mu, \sigma^2)$ から，ランダムに

N 個のデータ $\{x_1 \ x_2 \ \cdots \ x_N\}$ を取り出します．

このデータ x_i は正規分布 $N(\mu, \sigma^2)$ に従っているので，

確率密度関数は次のようになります．

$$\frac{1}{\sigma\sqrt{2\pi}} e^{-\frac{1}{2}\left(\frac{x_i-\mu}{\sigma}\right)^2}$$

N 個のデータは，正規母集団からランダムに取り出されているので，

同時確率密度関数は

$$\frac{1}{\sigma\sqrt{2\pi}} e^{-\frac{1}{2}\left(\frac{x_1-\mu}{\sigma}\right)^2} \times \frac{1}{\sigma\sqrt{2\pi}} e^{-\frac{1}{2}\left(\frac{x_2-\mu}{\sigma}\right)^2} \times \cdots \times \frac{1}{\sigma\sqrt{2\pi}} e^{-\frac{1}{2}\left(\frac{x_N-\mu}{\sigma}\right)^2}$$

のように，それぞれの確率密度関数の積の形で表現できます．

この確率密度関数の積

$$\frac{1}{\sigma\sqrt{2\pi}}e^{-\frac{1}{2}\left(\frac{x_1-\mu}{\sigma}\right)^2}\times\frac{1}{\sigma\sqrt{2\pi}}e^{-\frac{1}{2}\left(\frac{x_2-\mu}{\sigma}\right)^2}\times\cdots\times\frac{1}{\sigma\sqrt{2\pi}}e^{-\frac{1}{2}\left(\frac{x_N-\mu}{\sigma}\right)^2}$$

のことを

尤度関数 $L(x_1, x_2, \cdots, x_N\,;\,\mu, \sigma^2)$ 　　　←── 1変数の尤度関数

といいます.

　したがって, 最尤法とは

　　"N個のデータ $\{x_1\ x_2\ \cdots\ x_N\}$ が与えられたとき,

　　　尤度関数が最大になるパラメータ μ, σ^2" を求める方法"

のことです.

最大尤度で
最尤法!

パラメータ μ, σ^2 の最尤推定量

●　母平均　$\mu \Longrightarrow \dfrac{x_1+x_2+\cdots+x_N}{N}$

●　母分散　$\sigma^2 \Longrightarrow \dfrac{(x_1-\bar{x})^2+(x_2-\bar{x})^2+\cdots+(x_N-\bar{x})^2}{N}$

最尤法では
分散も N で割ります

4.2 最尤法による因子負荷の求め方

ところで，因子分析は変数の数が1個ではありません．

因子分析は多変量データを扱いますから，尤度関数についても

"p 変数の尤度関数"

が必要となります．

1変数と p 変数の違いは，次のようになります．

1変数	p 変数
N 個のデータ $\{x_1 \ x_2 \ \cdots \ x_N\}$	N 個のデータ $\{x_1 \ x_2 \ \cdots \ x_N\}$
母平均 μ	母平均 $\mu = (\mu_1, \mu_2, \cdots, \mu_p)$
標本平均 $\bar{x}$	標本平均 $\bar{x} = (\bar{x}_1, \bar{x}_2, \cdots, \bar{x}_p)$
	母分散共分散行列 Σ
母分散 σ^2	$\Sigma = \begin{bmatrix} \sigma_1{}^2 & \sigma_{12} & \cdots & \sigma_{1p} \\ \sigma_{12} & \sigma_2{}^2 & \cdots & \sigma_{2p} \\ \vdots & \vdots & \ddots & \vdots \\ \sigma_{1p} & \sigma_{2p} & \cdots & \sigma_p{}^2 \end{bmatrix}$
	標本分散共分散行列 S
標本分散 s^2	$S = \begin{bmatrix} s_1{}^2 & s_{12} & \cdots & s_{1p} \\ s_{12} & s_2{}^2 & \cdots & s_{2p} \\ \vdots & \vdots & \ddots & \vdots \\ s_{1p} & s_{2p} & \cdots & s_p{}^2 \end{bmatrix}$

したがって，1変数の確率密度関数

$$\frac{1}{\sigma\sqrt{2\pi}}e^{-\frac{1}{2\sigma^2}(x-\mu)^2}$$

を

$$(2\pi)^{-\frac{1}{2}}\cdot(\sigma^2)^{-\frac{1}{2}}\cdot e^{-\frac{1}{2}\cdot(x-\mu)\cdot(\sigma^2)^{-1}\cdot(x-\mu)}$$

のように変形しておけば，

p 変数の確率密度関数は

$$(2\pi)^{-\frac{p}{2}}\cdot|\boldsymbol{\Sigma}|^{-\frac{1}{2}}\cdot e^{-\frac{1}{2}\cdot(\boldsymbol{x}-\mu)\cdot\boldsymbol{\Sigma}^{-1}\cdot(\boldsymbol{x}-\mu)^t}$$

のようになることがわかります.

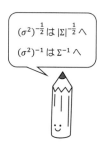

$(\sigma^2)^{-\frac{1}{2}}$ は $|\Sigma|^{-\frac{1}{2}}$ へ

$(\sigma^2)^{-1}$ は Σ^{-1} へ

次に，1変数の尤度関数を変形すると

$$(2\pi)^{-\frac{N}{2}}\cdot(\sigma^2)^{-\frac{N}{2}}\cdot e^{-\frac{N}{2}\cdot(\sigma^2)^{-1}\cdot s^2}\cdot e^{-\frac{N}{2}\cdot(\bar{x}-\mu)\cdot(\sigma^2)^{-1}\cdot(\bar{x}-\mu)}$$

となります.

1変数の尤度関数の変形は
参考文献［10］の
p.166 を参照してください

さらに，p 変数の尤度関数は……

p.50へと続きます

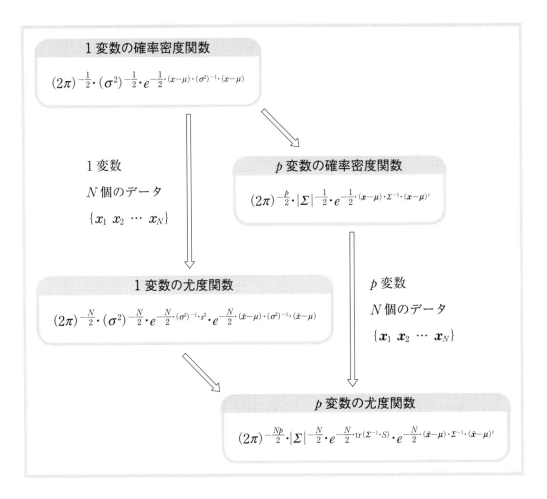

となります.

　そこで，求めたい因子負荷行列を

$$\Lambda_f = \begin{bmatrix} a_{11} & a_{12} & \cdots & a_{1m} \\ a_{21} & a_{22} & \cdots & a_{2m} \\ \vdots & \vdots & \ddots & \vdots \\ a_{p1} & a_{p2} & \cdots & a_{pm} \end{bmatrix}$$

とおけば……

因子分析のモデル式から，分散共分散行列 Σ は

$$\Sigma = \Lambda_f \cdot \Lambda_f{}^t + D$$

となります，ということは

p 変数の N 個のデータ $\{\boldsymbol{x}_1 \ \boldsymbol{x}_2 \ \cdots \ \boldsymbol{x}_N\}$ が与えられたとき，

p 変数の尤度関数

ここのところは
参考文献 [10] p.134, p.137 を
参照してください

$$(2\pi)^{-\frac{Np}{2}} \cdot |\boldsymbol{\Sigma}|^{-\frac{N}{2}} \cdot e^{-\frac{N}{2} \cdot \mathrm{tr}(\Sigma^{-1} \cdot S)} \cdot e^{-\frac{N}{2} \cdot (\bar{\boldsymbol{x}} - \mu) \cdot \Sigma^{-1} \cdot (\bar{\boldsymbol{x}} - \mu)^t}$$

つまり，

$$(2\pi)^{-\frac{Np}{2}} \cdot |\Lambda_f \cdot \Lambda_f{}^t + D|^{-\frac{N}{2}} \cdot e^{-\frac{N}{2} \cdot \mathrm{tr}((\Lambda_f \cdot \Lambda_f{}^t + D)^{-1} \cdot S)} \cdot e^{-\frac{N}{2} \cdot (\bar{\boldsymbol{x}} - \mu) \cdot (\Lambda_f \cdot \Lambda_f{}^t + D)^{-1} \cdot (\bar{\boldsymbol{x}} - \mu)^t}$$

を最大にする

$$\Lambda_f$$

を求めればいいですね*!!*

実際に，因子負荷を計算するときには

"対数尤度関数"

を使いますから，尤度関数の対数

記号 | | は
行列の行列式
のことです

$$-\frac{Np}{2}\log(2\pi) - \frac{N}{2}\log|\Lambda_f \cdot \Lambda_f{}^t + D| - \frac{N}{2}\mathrm{tr}((\Lambda_f \cdot \Lambda_f{}^t + D)^{-1} \cdot S)$$

$$-\frac{N}{2} \cdot (\bar{\boldsymbol{x}} - \mu) \cdot (\Lambda_f \cdot \Lambda_f{}^t + D)^{-1} \cdot (\bar{\boldsymbol{x}} - \mu)^t$$

を最大にするパラメータを求めます．

あとの数値計算は，
統計解析用ソフト SPSS にまかせましょう*!!*

最尤法では
"因子と因子の直交"
を仮定していないので
斜交モデルといいます

【研究目的】

子供たちの間で問題となっている "いじめ" を研究目的とします.

そこで, 次の7つの項目について, アンケート調査をおこない,

"いじめをする子供たちの心の奥底に何があるのか"

を調べます.

【　　アンケート調査票　　】

項目1. あなたは嫌がらせをしたいと思うことがありますか？　　　　　　　　　　　【嫌がらせ】

ない ←　　　　　　　　　　　　　　　　　　　　　　　　　　→ ある

1·········2·········3·········4·········5

項目2. あなたは友達を無視することがありますか？　　　　　　　　　　　　　　　　【無視】

ない ←　　　　　　　　　　　　　　　　　　　　　　　　　　→ ある

1·········2·········3·········4·········5

項目3. あなたは友達をねたみやすいですか？　　　　　　　　　　　　　　　　　　　【妬み】

ない ←　　　　　　　　　　　　　　　　　　　　　　　　　　→ ある

1·········2·········3·········4·········5

項目4. あなたは相手を自分の思うようにしたいと思いますか？　　　　　　　　　　　【支配】

ない ←　　　　　　　　　　　　　　　　　　　　　　　　　　→ ある

1·········2·········3·········4·········5

項目5. あなたはときどき不安な気持ちになりますか？　　　　　　　　　　　　　　　【不安】

ない ←　　　　　　　　　　　　　　　　　　　　　　　　　　→ ある

1·········2·········3·········4·········5

項目6. あなたは友達を作るのが苦手ですか？　　　　　　　　　　　　　　　　　【人間関係】

ない ←　　　　　　　　　　　　　　　　　　　　　　　　　　→ ある

1·········2·········3·········4·········5

項目7. あなたはほしいものが手に入らないと腹が立ちますか？　　　　　　　　　　　【不満】

ない ←　　　　　　　　　　　　　　　　　　　　　　　　　　→ ある

1·········2·········3·········4·········5

【統計処理の流れ】

統計処理 0

アンケート調査をおこない，データを集めます。　　　　　☞ p. 54

統計処理 1

最尤法による因子分析をおこない

因子を抽出します。　　　　　☞ p. 64

統計処理 2

抽出した因子をプロマックス回転し

因子負荷の値から因子に名前をつけます。　　　　　☞ p. 65

統計処理 3

第1因子を横軸に，第2因子を縦軸にとり，

調査対象者の位置を平面上に展開してみましょう。　　　　　☞ p. 67

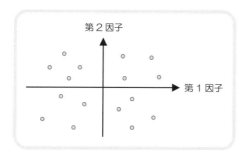

【データ入力の型】

アンケート調査の結果を，次のように入力します．

データは
東京図書 HP から
ダウンロード
できます

表 4.1　少年のグループ

	嫌がらせ	無視	妬み	支配	不安	人間関係	不満
1	3	1	4	3	2	2	2
2	1	5	3	4	3	3	5
3	3	3	3	1	2	1	2
4	4	1	2	1	2	3	3
5	2	5	2	4	4	4	4
6	3	2	1	2	2	2	1
7	3	4	3	4	3	4	4
8	3	4	2	4	3	4	4
9	4	3	3	1	2	1	2
10	1	4	4	4	4	4	4
11	4	4	2	1	1	1	2
12	3	3	2	4	4	2	4
13	3	1	3	3	5	2	5
14	1	5	5	5	5	5	5
15	4	2	3	1	1	3	2
16	4	2	2	1	2	2	3
17	3	4	5	3	3	4	3
18	2	3	5	3	3	4	4
19	4	1	1	2	2	3	2
20	1	3	5	5	5	2	4
21	1	4	5	5	5	5	5
22	4	1	1	2	2	3	4
23	4	1	1	2	5	2	1
24	4	3	3	2	2	2	3
25	4	3	3	2	2	4	3
26	3	4	4	2	1	3	2
27	1	2	4	4	5	5	4
28	5	3	2	1	2	1	1
29	3	2	2	4	4	3	3
30	5	2	3	2	3	2	2

30	5	2	3	2	3	2	2
31	4	1	2	2	3	3	3
32	4	2	3	4	4	3	5
33	3	5	3	2	1	2	1
34	1	5	4	4	3	2	3
35	2	3	5	5	5	5	5
36	2	4	5	3	3	3	2
37	2	4	4	5	5	4	4
38	4	3	4	2	2	3	3
39	3	3	2	5	5	3	3
40	1	4	3	4	4	4	4
41	5	3	4	1	1	1	1
42	1	4	3	4	4	3	3
43	2	5	5	2	3	2	2
44	3	3	2	5	4	2	3
45	1	4	3	4	4	4	4
46	2	4	3	4	5	4	3
47	3	4	2	4	3	3	4
48	2	4	4	4	4	4	4
49	3	4	5	1	1	2	1
50	1	5	2	4	4	2	3
51	2	3	4	3	3	4	3
52	4	5	3	3	3	3	4
53	2	5	5	4	4	2	3
54	5	1	4	2	3	1	2
55	1	3	4	4	4	4	4
56	5	2	2	2	1	1	2
57	4	2	3	2	3	2	3
58	3	5	5	3	2	3	2
59	2	5	3			2	1
60	4	3				3	5
61	4	1				3	4
62	3	3					2
63	2	4	2			5	3
64	4	4	5	3	3	3	4

データ入力のくわしい手順は参考文献［23］を参照してください

4.3 最尤法による統計処理の手順

手順 ① データを入力したら，分析(A) のメニューから，次のように

　　　　次元分解(D) → 因子分析(F)

と選択します．

ファイル(F)	編集(E)	表示(V)	データ(D)	変換(T)	分析(A)	グラフ(G)	ユーティリティ(U)	拡張機能(X)	ウィンドウ(W)	ヘルプ(H)

検定力分析(W) >
メタ分析 >
報告書(P) >
記述統計(E) >
ベイズ統計(Y) >
テーブル(B) >
平均値と比率の比較 >
一般線型モデル(G) >
一般化線型モデル(Z) >
混合モデル(X) >
相関(C) >
回帰(R) >
対数線型(O) >
ニューラル ネットワーク >
分類(F) >
次元分解(D) >
尺度(A) >
ノンパラメトリック検定(N) >
時系列(T) >
生存分析(S) >
多重回答(U) >
欠損値分析(V)...
多重代入(I) >
コンプレックス サンプル(L) >
シミュレーション...
品質管理(Q) >
空間および時間モデリング... >
ダイレクト マーケティング(K) >
IBM SPSS Amos 29

因子分析(F)...
コレスポンデンス分析(C)...
最適尺度法(O)...

	嫌がらせ	無視	妬み	支配		var	var	var
1	3	1	4	3				
2	1	5	3	4				
3	3	3	3	1				
4	4	1	2	1				
5	2	5	2	4				
6	3	2	1	2				
7	3	4	3	4				
8	3	4	2	4				
9	4	3	3	1				
10	1	4	4	4				
11	4	4	2	1				
12	3	3	2	4				
13	3	1	3	3				
14	1	5	5	3				
15	4	2	3	4				
16	4	2	2	1				
17	3	4	5	3				
18	2	3	5	3				
19	4	1	1	2				
20	1	3	5	5				
21	1	4	5	5				
22	4	1	1	2				
23	4	1	1	2				
24	4	3	3	2				
25	4	3	2	2				
26	3	4	4	2				
27	1	2	4	4				
28	5	3	2	1				
29	3	2	2	4				
30	5	2	3	2				
31	4	2	3	2				
32	4	2	3	4				
33	3	5	3	2				

概要　データ ビュー　変数 ビュー

手順 2 因子分析の画面になったら，7つの変数をすべて 変数(V) へ

移動します．そして， 因子抽出(E) をクリック．

抽出 = extraction

手順 3 因子抽出の画面になったら，次のように

最尤法を選択して 続行 ．

手順2の画面にもどったら， 回転(T) をクリック．

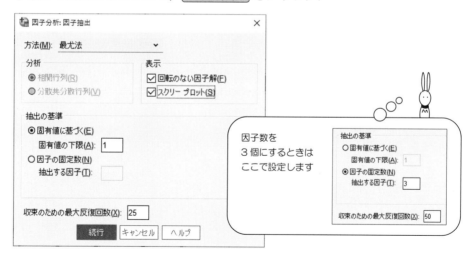

因子数を
3個にするときは
ここで設定します

手順④ 回転の画面になったら，次のように

プロマックス(P) にチェックをして， 続行 ．

手順2の画面にもどったら， 得点(S) をクリック．

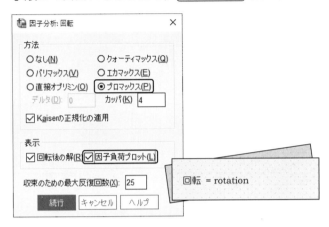

手順⑤ 因子得点の画面になったら，次のようにチェックして， 続行 ．

手順2の画面にもどったら， 記述統計(D) をクリック．

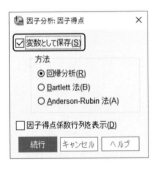

手順⑥ 記述統計の画面になったら，次のように

KMO と Bartlett の球面性検定(K) をチェックして，［ 続行 ］．

手順2の画面にもどったら，［オプション(O)］をクリック．

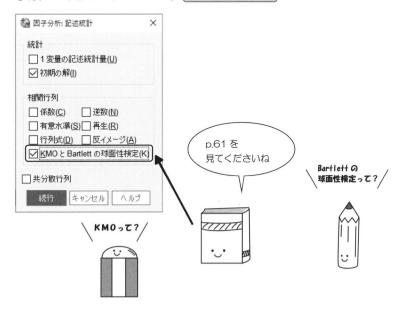

p.61 を
見てくださいね

Bartlett の
球面性検定って？

KMOって？

手順⑦ オプションの画面は，次のようにチェックして，［ 続行 ］．

手順2の画面に戻ったら，［ OK ］ボタンをクリック．

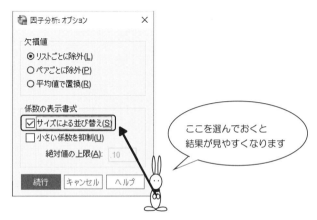

ここを選んでおくと
結果が見やすくなります

【SPSS による出力・その1】——最尤法による因子分析

因子分析

KMO および Bartlett の検定

Kaiser-Meyer-Olkin の標本妥当性の測度		.780 ← ①
Bartlett の球面性検定	近似カイ2乗	232.553
	自由度	21
	有意確率	<.001 ← ②

共通性

	初期	因子抽出後
嫌がらせ	.637	.675
無視	.455	.758
妬み	.229	.251
支配	.804	.901 ← ③
不安	.716	.785
人間関係	.489	.431
不満	.581	.566

因子抽出法: 最尤法

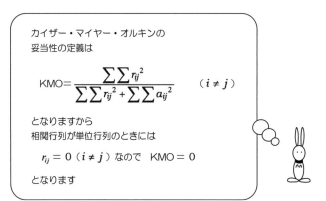

カイザー・マイヤー・オルキンの
妥当性の定義は

$$KMO = \frac{\sum\sum r_{ij}^2}{\sum\sum r_{ij}^2 + \sum\sum a_{ij}^2} \qquad (i \neq j)$$

となりますから
相関行列が単位行列のときには

$r_{ij} = 0 \ (i \neq j)$ なので $KMO = 0$

となります

【出力結果の読み取り方・その 1】——最尤法による因子分析

←① カイザー・マイヤー・オルキンの妥当性です.

　この値が 0.5 未満のときは，因子分析をおこなうことへの妥当性が

ないと考えられています.

　このデータの場合，妥当性が $\boxed{0.780}$ なので

因子分析をおこなうことに問題はありません.

←② バートレットの球面性の検定

　　　　仮説 H_0：相関行列は単位行列である

　　　有意確率 $\boxed{<0.001}$ ≦有意水準 0.05

なので，仮説 H_0 は棄却されます.

　したがって，変数間に相関があるので，共通因子を考えることに

意味があります.

←③ 共通性はその変数がもっている情報量です.

　したがって，共通性の値が $\boxed{0}$ に近い変数は，分析から除いた方が

よいかもしれません.

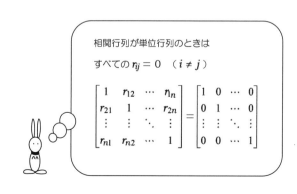

相関行列が単位行列のときは

すべての $r_{ij} = 0$ $(i \neq j)$

$$\begin{bmatrix} 1 & r_{12} & \cdots & r_{1n} \\ r_{21} & 1 & \cdots & r_{2n} \\ \vdots & \vdots & \ddots & \vdots \\ r_{n1} & r_{n2} & \cdots & 1 \end{bmatrix} = \begin{bmatrix} 1 & 0 & \cdots & 0 \\ 0 & 1 & \cdots & 0 \\ \vdots & \vdots & \ddots & \vdots \\ 0 & 0 & \cdots & 1 \end{bmatrix}$$

【SPSS による出力・その 2】——最尤法による因子分析

説明された分散の合計

因子	初期の固有値			抽出後の負荷量平方和		
		分散の %	累積 %		分散の %	累積 %
1	3.694	52.767	52.767	3.338	47.692	47.692
2	1.395	19.931	72.697	1.028	14.688	62.380
3	.648	9.260	81.957			
4	.509	7.272	89.229			
5	.387	5.524	94.752			
6	.234	3.342	98.095			
7	.133	1.905	100.000			

因子抽出法: 最尤法

←④

←⑤

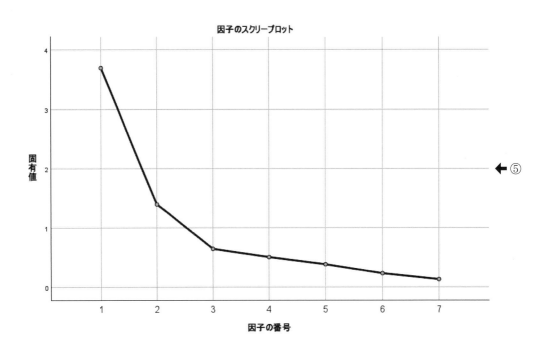

【出力結果の読み取り方・その2】──最尤法による因子分析

←④　因子の固有値を大きさの順に並べています.

$$\underbrace{3.694 + 1.395 + \cdots + 0.133}_{7\text{つの固有値の合計}} = \underbrace{1 + 1 + \cdots + 1}_{7\text{つの項目の情報量}} = 7$$

標準化された分散
＝1

←⑤　因子の固有値をグラフで表現しています.

　　このグラフを見ながら，何番目までの因子を取り上げるか判定します.

　　折れ線の傾きがゆるやかになると，固有値はあまり変化しなくなるのでその前後のところまで因子を取り上げます.

　　この場合は，因子の数が3より多くなると
スクリープロットがゆるやかになっているので,
取り上げる因子の数は 2 が適当なようです.

【SPSS による出力・その3】——最尤法による因子分析

因子行列[a]

	因子	
	1	2
支配	.947	-.060
不安	.832	-.305
嫌がらせ	-.755	-.324
不満	.708	-.253
人間関係	.655	-.038
無視	.410	.768
妬み	.281	.415

← ⑥

因子抽出法: 最尤法

適合度検定

カイ2乗	自由度	有意確率
12.314	8	.138

← ⑦

適合度検定は
取り上げる因子の数を
決める方法の1つです

パターン行列[a]

	因子	
	1	2
不安	.948	-.168
支配	.887	.124
不満	.803	-.136
人間関係	.612	.090
無視	-.147	.926
妬み	-.026	.512
嫌がらせ	-.459	-.507

← ⑧

因子抽出法: 最尤法
回転法: Kaiser の正規化を伴うプロ
マックス法

【出力結果の読み取り方・その3】——最尤法による因子分析

←⑥　プロマックス回転前の因子負荷（量）です.

←⑦　モデルの適合度検定

仮説 H_0：因子数が2個のモデルに適合している

有意確率 $\boxed{0.138}$ ＞有意水準 0.05

なので，仮説 H_0 は棄却されません.

←⑧　プロマックス回転後の因子負荷です.

この値を見ながら因子に名前をつけます.

　　●第1因子は

$\boxed{不安}$　　$\boxed{支配}$　　$\boxed{不満}$

の値が大きいので

$\boxed{イライラ}$ する心

のように名前をつけます.

　　●第2因子は

$\boxed{無視}$　　$\boxed{妬み}$

の値が大きいので

$\boxed{もやもや}$ する心

のように名前をつけます.

名前の付け方は
研究者に任されています

【SPSS による出力・その 4】——最尤法による因子分析

	ファイル(F)	編集(E)	表示(V)	データ(D)	変換(T)	分析(A)	グラフ(G)

	不安	人間関係	不満	FAC1_1	FAC2_1
1	2	2	2	-.33486	-.86990
2	3	3	5	.71219	1.32636
3	2	1	2	-1.31631	-.38254
4	2	3	3	-1.12728	-1.61012
5	4	4	4	.81412	1.00784
6	2	2	1	-.89001	-.79714
7	3	4	4	.55423	.51184
8	3	4	4	.55490	.42293
9	2	1	2	-1.38869	-.58519
10	4	4	4	.90843	.91554
11	1	1	2	-1.62139	-.11081
12	4	2	4	.66976	-.18912
13	5	2	5	.58327	-1.34794	← ⑨
14	5	5	5	1.68774	1.54437
15	1	3	2	-1.45703	-.91871
16	2	2	3	-1.20979	-1.16171
17	3	4	3	.01901	.55642
			4	.210?	.24709
?	3		2	?3	
55	4	4	4	.93169	.44276
56	1	1	2	-1.20907	-1.08657
57	3	2	3	-.56218	-.99085
58	2	3	2	-.36932	1.13453
59	2	2	1	-.88875	1.00170
60	4	3	5	.31418	-.57904
61	3	3	4	.05555	-1.48383
62	1	3	2	-.96974	-.07082
63	5	5	3	1.01102	.50810
64	3	3	4	-.01690	.29020

第 1 因子得点　　第 2 因子得点

【出力結果の読み取り方・その4】——最尤法による因子分析

◆⑨ 第1因子得点と第2因子得点です.

第1因子得点を横軸に,第2因子得点を縦軸にとり,

散布図を描くと,次のようになります.

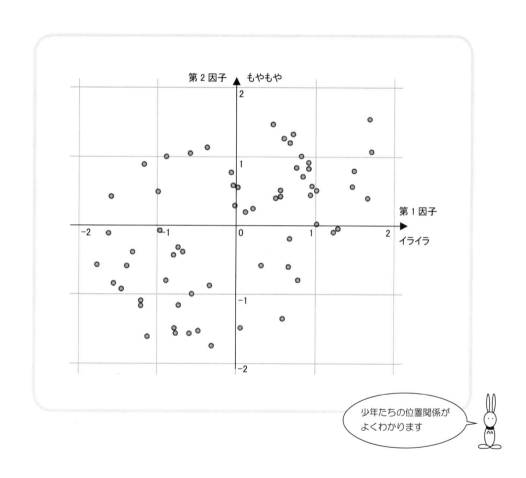

少年たちの位置関係が
よくわかります

第5章　確認的因子分析

5.1 確認的とは？

因子分析は

      "いくつかの要因の中に潜む共通要因は何か？"

をさぐる統計手法です.

　したがって，研究を計画している段階で

次のようなパス図を描いたとき

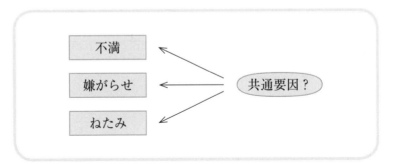

　この共通要因には

      名前はまだない

という状況です.

　したがって，因子分析には

      "探索的"

という名前がついています.

この探索的な因子分析に対し……

確認的因子分析では，次のパス図のように

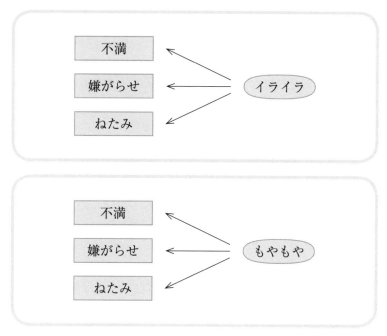

研究を計画している段階で，

"すでに共通要因の名前を想定"

しています．ということは……

確認的因子分析は

想定しているパス図がデータに適合しているか？

を確認する因子分析といえます．

3章，4章の因子分析は
探索的因子分析です

そこで，次のようにパス図と潜在変数の名前を想定して

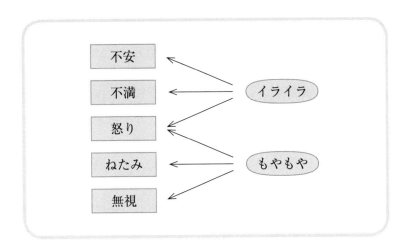

確認的因子分析をおこなってみましょう．

4 章 p.64 の
因子のパターン行列を
思い出してね

ちょっと待って??

　SPSS の因子分析の画面は，次のようになっています.

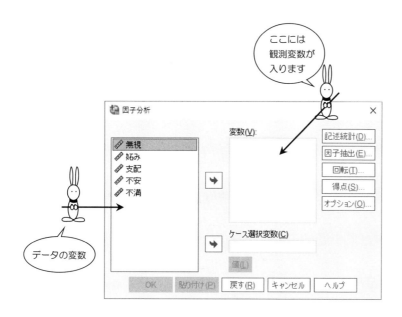

　この画面には，観測変数のための枠はあっても，
潜在変数を入れるための枠はありません.

　よく考えてみると……
潜在変数はもともと観測されない変数なので，
データファイルの中に潜在変数の名前はありません.

　ということは，SPSS では確認的因子分析はできない*?!*

　でも，ご心配なく*!!*

Amos を利用すると，次のように p.70 のパス図を
Amos の画面上に描くことができるのです．

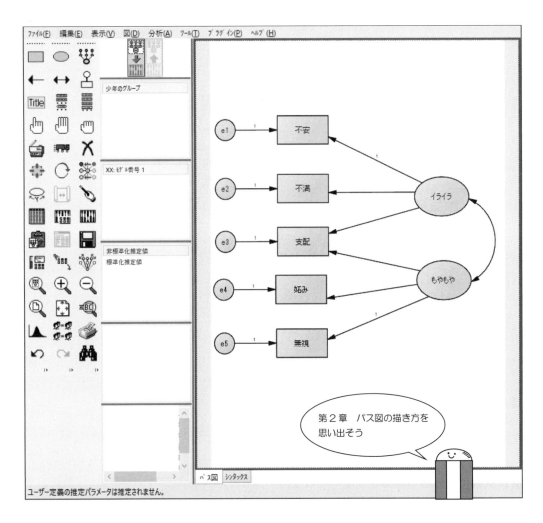

【ツールボックス全図】

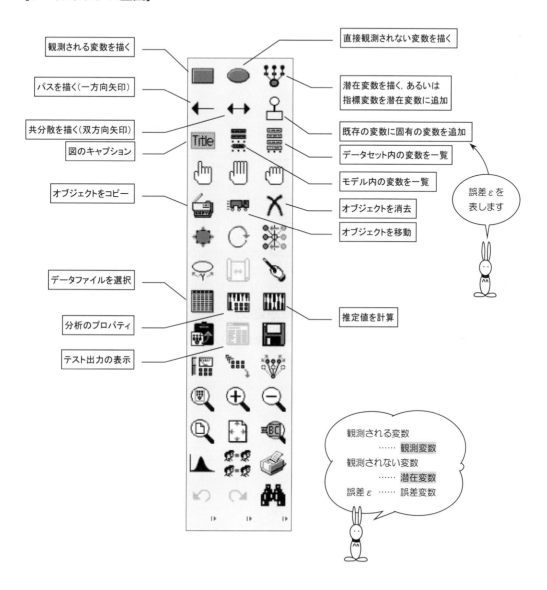

観測される変数を描く

直接観測されない変数を描く

パスを描く(一方向矢印)

潜在変数を描く, あるいは
指標変数を潜在変数に追加

共分散を描く(双方向矢印)

既存の変数に固有の変数を追加

図のキャプション

データセット内の変数を一覧

モデル内の変数を一覧

オブジェクトをコピー

オブジェクトを消去

オブジェクトを移動

誤差 ε を
表します

データファイルを選択

分析のプロパティ

推定値を計算

テスト出力の表示

観測される変数
   …… 観測変数
観測されない変数
   …… 潜在変数
誤差 ε …… 誤差変数

【研究目的】

　第 4 章の表 4.1 のデータに対して，最尤法による因子分析をおこなうと，
次のような結果になりました.

パターン行列^a

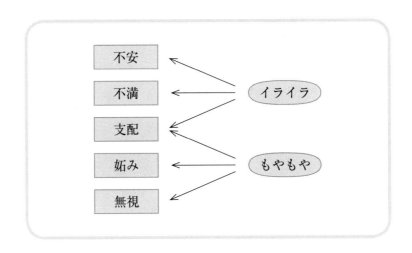

	因子	
	1	2
不安	.948	-.168
支配	.887	.124
不満	.803	-.136
人間関係	.612	.090
無視	-.147	.926
妬み	-.026	.512
嫌がらせ	-.459	-.507

因子抽出法: 最尤法

p.64 の出力です

　この結果をもとに，次のようなパス図を想定し，
このパス図がデータに適合しているかどうかを確認します.

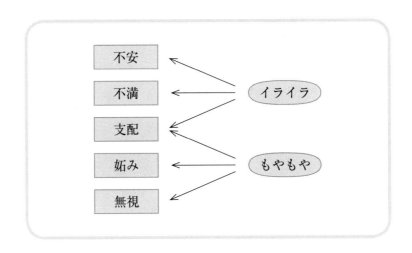

【統計処理の流れ】

統計処理 0

少年のグループに対して, "いじめ" に関するアンケート調査をおこなう.

統計処理 1

このアンケート調査のデータをもとに最尤法による因子分析をおこなう.

統計処理 2

因子分析のパターン行列から共通要因としての因子を抽出する.

ここまでは
第4章と
同じです

統計処理 3

この因子(=潜在変数)と観測変数から想定されるパス図を書く.　　　　☞ p. 89

統計処理 4

Amos による確認的因子分析をおこない,

パス図がデータに適合しているかどうかを調べる.　　　　☞ p. 95

【データ入力の型】

次のデータは，少年のグループに対しておこなった
アンケート調査結果です．

表5.1　少年のグループ

	無視	妬み	支配	不安	不満
1	1	4	3	2	2
2	5	3	4	3	5
3	3	3	1	2	2
4	1	2	1	2	3
5	5	2	4	4	4
6	2	1	2	2	1
7	4	3	4	3	4
8	4	2	4	3	4
9	3	3	1	2	2
10	4	4	4	4	4
11	4	2	1	1	2
12	3	2	1	4	4
13	1	3	3	5	5
14	5	5	5	5	5
15	2	3	1	1	2
16	2	2	1	2	3
17	4	5	3	3	3
18	3	5	3	3	4
19	1	1	2	2	2
20	3	5	5	5	4
21	4	5	5	5	5
22	1	1	2	2	4
23	1	1	2	5	1
24	3	3	2	2	3
25	3	3	2	2	3
26	4	4	2	1	2
27	2	4	4	5	4
28	3	2	1	2	1
29	2	2	4	4	3
30	2	3	2	3	2
31	1	2	2	3	3
32	2	3	4	4	5

アンケート調査票
は p.52

データは
HP から
ダウンロード
できます

データの保存は
p.22〜23 と同じです

	✐無視	✐妬み	✐支配	✐不安	✐不満
33	5	3	2	1	1
34	5	4	4	3	3
35	3	5	5	5	5
36	4	5	3	3	2
37	4	4	5	5	4
38	3	4	2	2	3
39	3	2	5	5	3
40	4	3	4	4	4
41	3	4	1	1	1
42	4	3	4	4	3
43	5	5	2	3	2
44	3	2	5	4	3
45	4	3	4	4	4
46	4	3	4	5	3
47	4	2	4	3	4
48	4	4	4	4	4
49	4	5	1	1	1
50	5	2	4	4	3
51	3	4	3	3	3
52	5	3	3	3	4
53	5	5	4	4	3
54	1	4	2	3	2
55	3	4	4	4	4
56	2	2	2	1	2
57	2	3	2	3	3
58	5	5	3	2	2
59	5	3	2	2	1
60	3	2	3	4	5
61	1	1	3	3	4
62	3	3	2	1	2
63	4	2	4	5	3
64	4	5	3	3	4

確認的因子分析の手順

手順❶ はじめに SPSS のデータを画面上に開いておきます.

分析のメニューから

分析 ⟹ IBM SPSS Amos 29

を選択します.

このときのデータは
どのデータでも OK です

手順② Amos の画面は，次のようになります．

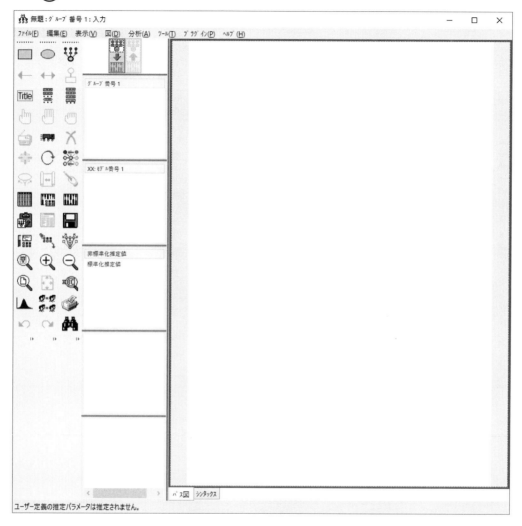

手順 3 次に，分析をしたいデータの

ファイル名を指定しておきます．

ファイル名(F)　⟹　データファイル(D)

を選択します．

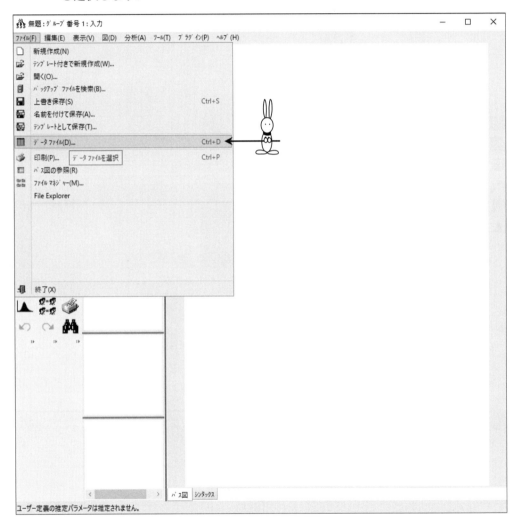

手順 4 次の データファイル(D) の画面になったら…

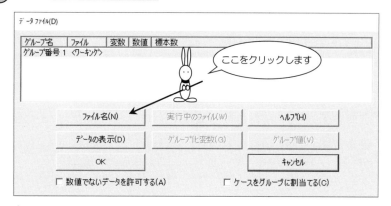

ファイル名(N) をクリックして

分析に使用するデータのファイル名を指定します.

　OK　 をクリックすると，**手順2**の画面にもどります.

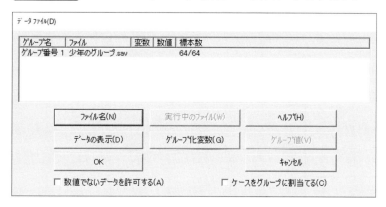

手順 5 続いて，

ファイル(F) ⟹ 開く(O) を選択して，

2章で作成したパス図を開きます．

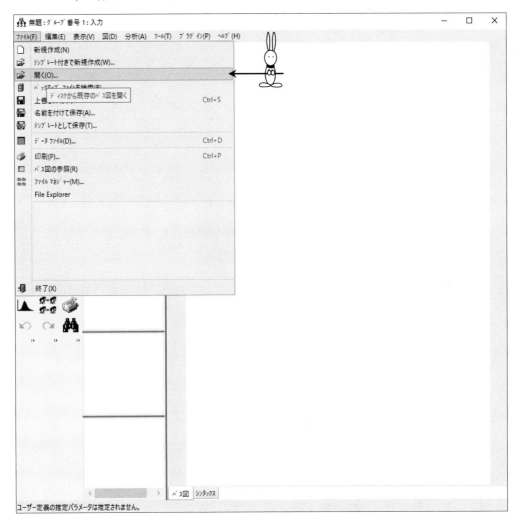

手順 6 次のパス図になったら

観測変数　　　潜在変数　　　誤差変数

の中に，変数名を入れます．

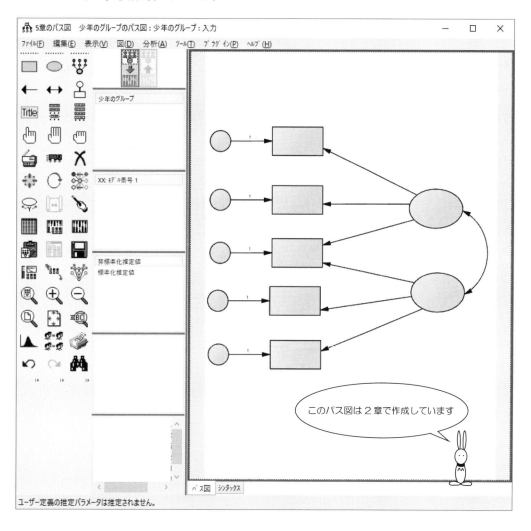

手順 7 はじめに，5つの ☐ の中に変数名を入れます.

ツールボックスの 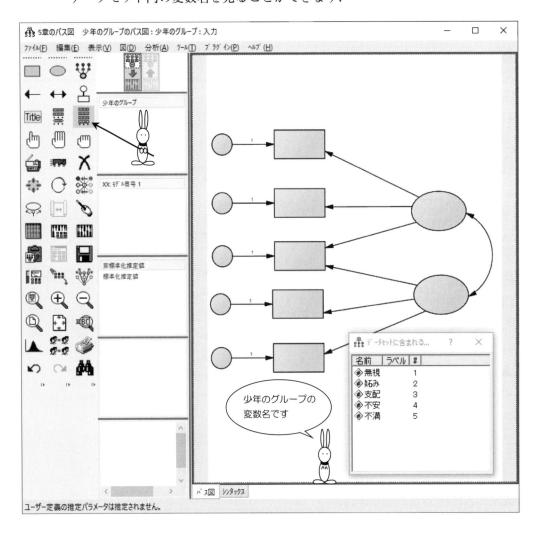 をクリックすると
データセット内の変数名を見ることができます.

手順 8 そこで，不安 をクリックしたままで

　　　　　　　の上までドラッグします．

　　すると，下のように変数名が移動します．

　　残りの４つの変数も，同じように移動します．

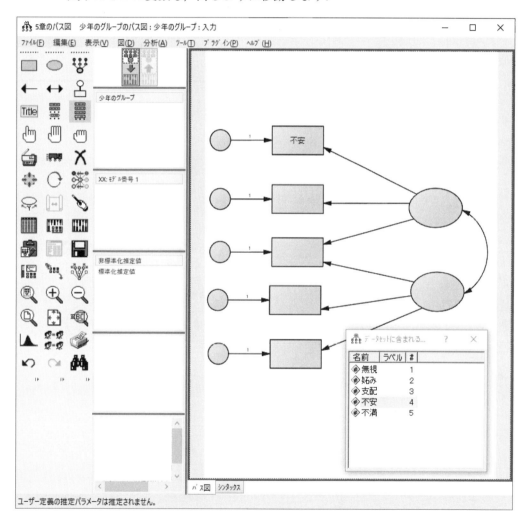

手順 9 潜在変数 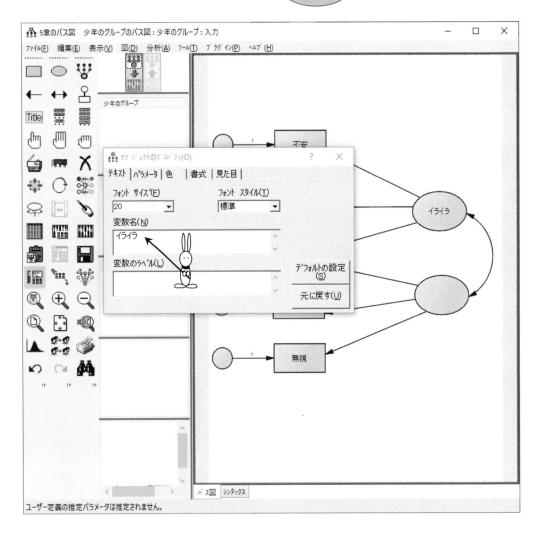 の中に変数名を入れます.

の上をダブルクリックすると

オブジェクトのプロパティ(O) が現れるので,

変数名(N) の枠の中へ,潜在変数名 イライラ を記入します.

手順⑩ 1つ目の潜在変数が次の図のように　イライラ　となったら，

2つ目の　　　　　　　　の中にも潜在変数名　もやもや　を記入します．

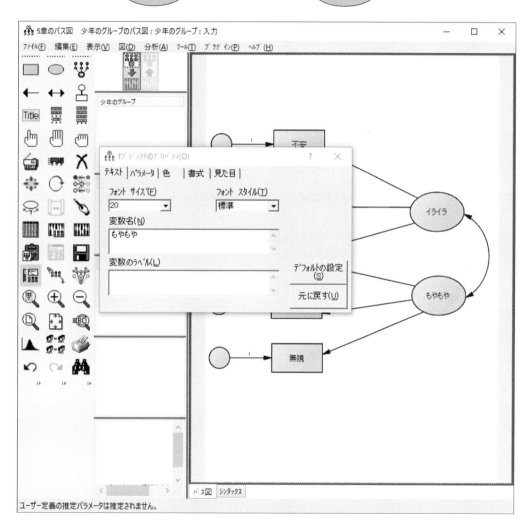

手順⑪ 次に，誤差変数 ◯ に名前を入れます．

◯ の上をダブルクリックし，**オブジェクトのプロパティ(O)** が現れたら，

変数名を入れます．

5つの誤差の変数名は，e_1，e_2，e_3，e_4，e_5，とします．

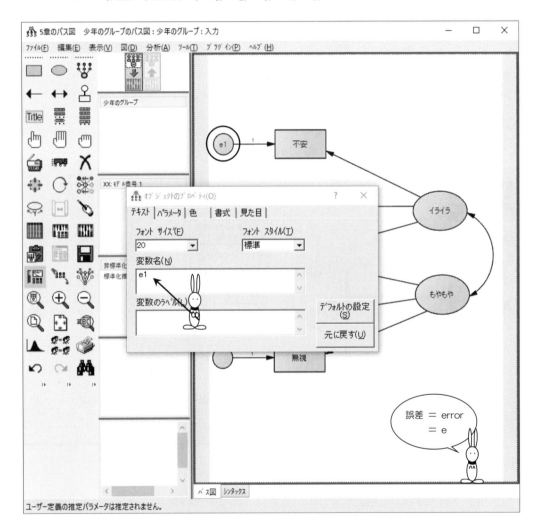

手順 12 誤差変数 e_1 となったら

残りの誤差変数にも同様に名前を入れて，

e_2, e_3, e_4, e_5, とします．

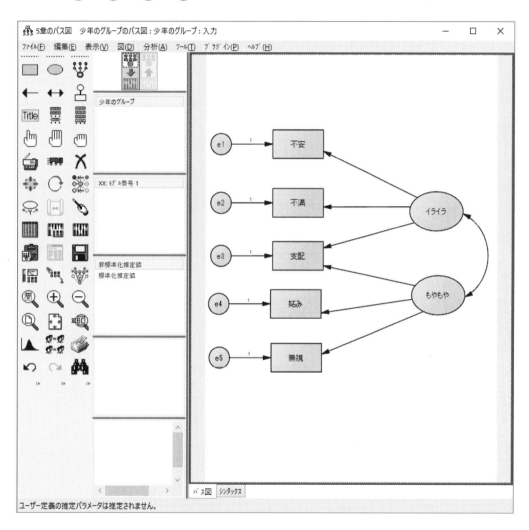

手順 **13** 最後に，不安 ← イライラ，無視 ← もやもや 間の

矢印の上にそれぞれ 1 を入れます．

はじめに 不安 ← イライラ 間の矢印の上をダブルクリック．

オブジェクトのプロパティ(O) が現れたら，係数(R) のところに 1 と入力．

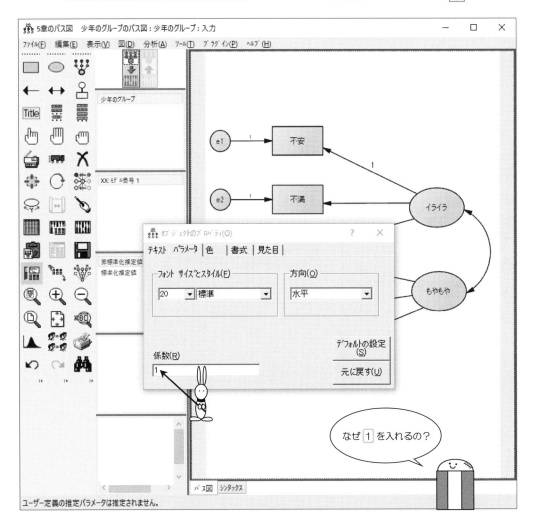

手順⑭ パス図が次のようになったら，あとは

分析（A）　⟹　推定値の計算（C）

を選択すると，計算が始まります．

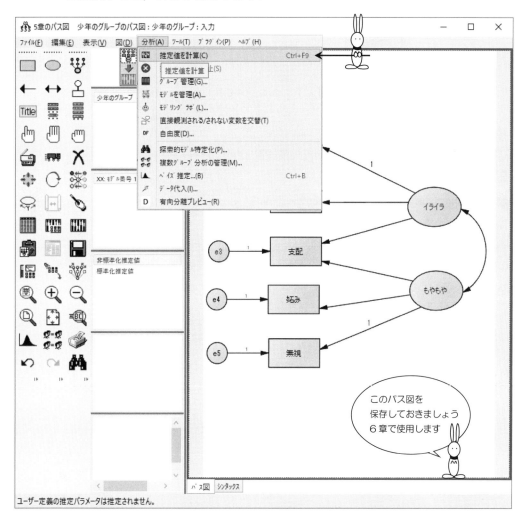

【Amos による出力・その1】

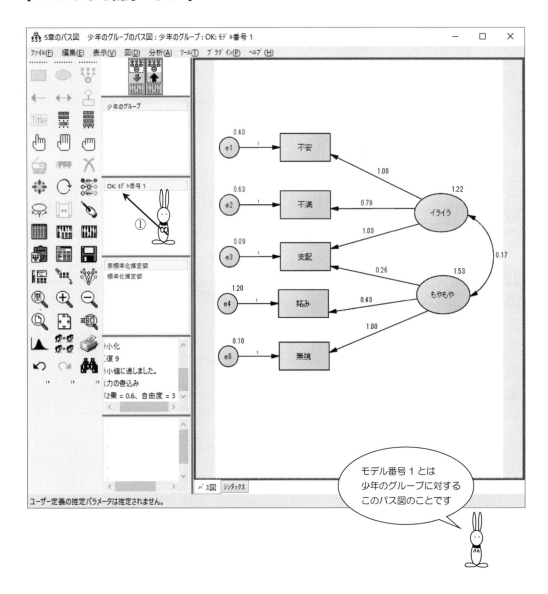

【出力結果の読み取り方・その1】

←①　はじめに，画面左の

　　　　　OK：モデル番号1

を確認しておきます．

ここのところが

　　　　　XX：モデル番号1

となっていたら，

パス図のどこかに不具合があります．

つまり
　反復結果が収束しなかった
というわけです

モデルについての注釈 (モデル番号 1)

自由度の計算 (モデル番号 1)

独立な標本積率の数: 15
独立な推定パラメータの数: 12
自由度 (15 - 12): 3

結果 (モデル番号 1)

最小値に達しました。
カイ2乗 = .609
自由度 = 3
有意確率 = .894 ← ②

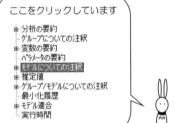

【出力結果の読み取り方・その2】

←② 適合度検定（カイ2乗検定）

仮説 H_0：パス図はデータに適合している

有意確率 $\boxed{0.894}$ ＞有意水準 0.05

なので，

"このパス図はデータに適合している"

ことがわかります．

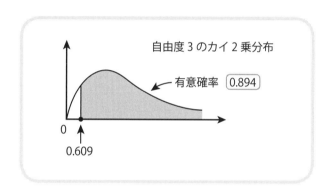

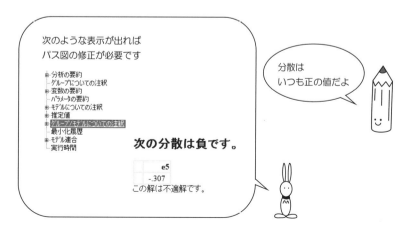

【Amosによる出力・その3】

最尤(ML)推定値　　　　　　　　　　　　　　　　　　← ③

係数：(少年のグループ - モデル番号 1)

			推定値	標準誤差	検定統計量	確率ラベル
不安	<---	イライラ	1.000			
不満	<---	イライラ	.778	.111	7.038	***
支配	<---	もやもや	.259	.131	1.975	.048
無視	<---	もやもや	1.000			
妬み	<---	もやもや	.427	.215	1.987	.047
支配	<---	イライラ	1.033	.114	9.046	***

← ④

共分散：(少年のグループ - モデル番号 1)

			推定値	標準誤差	検定統計量	確率ラベル
イライラ	<-->	もやもや	.166	.199	.834	.404

← ⑤

分散：(少年のグループ - モデル番号 1)

	推定値	標準誤差	検定統計量	確率ラベル
イライラ	1.217	.294	4.139	***
もやもや	1.535	.727	2.111	.035
e1	.399	.117	3.414	***

$$\frac{推定値}{標準誤差} = 検定統計量$$

たとえば
$$\frac{0.778}{0.111} = 7.038$$

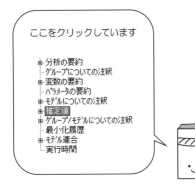

ここをクリックしています

- 分析の要約
  - グループについての注釈
- 変数の要約
  - パラメータの要約
- モデルについての注釈
- 推定値
  - グループ/モデルについての注釈
- 最小化履歴
- モデル適合
- 実行時間

【出力結果の読み取り方・その3】

←③ 最尤法による計算をしています.

←④ パス係数の推定値です.

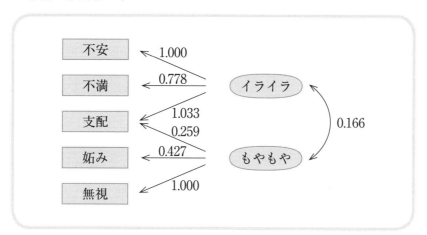

←⑤  イライラ と もやもや の共分散の推定値です.

有意確率 0.404 ＞有意水準 0.05

なので

" イライラ と もやもや の間に相関があるとはいえない"

ことがわかります.

仮説 H_0：共分散 ＝ 0
は棄却されません

【Amos による出力・その4】

モデル適合の要約

CMIN

モデル	NPAR	CMIN	自由度	確率	CMIN/DF
モデル番号 1	12	.609	3	.894	.203
飽和モデル	15	.000	0		
独立モデル	5	142.685	10	.000	14.269

← ⑥

RMR, GFI

モデル	RMR	GFI	AGFI	PGFI
モデル番号 1	.047	.996	.981	.199
飽和モデル	.000	1.000		
独立モデル	.553	.563	.345	.375

← ⑦

基準比較

モデル	NFI Delta1	RFI rho1	IFI Delta2	TLI rho2	CFI
モデル番号 1	.996	.986	1.017	1.060	1.000
飽和モデル	1.000		1.000		1.000
独立モデル	.000	.000	.000	.000	.000

← ⑧

倹約性修正済み測度

モデル	PRATIO	PNFI	PCFI
モデル番号 1	.300	.299	.300
飽和モデル	.000	.000	.000
独立モデル	1.000	.000	.000

← ⑨

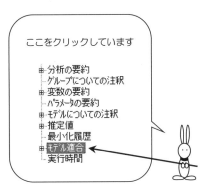

ここをクリックしています

⊞ 分析の要約
・グループについての注釈
⊞ 変数の要約
・パラメータの要約
⊞ モデルについての注釈
⊞ 推定値
・最小化履歴
⊞ モデル適合
・実行時間

【出力結果の読み取り方・その4】

←⑥● 飽和モデルとは "perfect fitting モデル" のこと.

　推定パラメータの個数を最も多くしたときのモデルです.

● 独立モデルとは "terrible fitting モデル" のこと.

　推定パラメータを最も少なくしたときのモデルです.

● CMIN は不一致の値のこと.

　飽和モデルは完全に一致しているので 0.000 になります.

←⑦● RMR が 0 に近いほど, そのモデルはよくあてはまっています.

● GFJ が 1 に近いほど, そのモデルはよくあてはまっています.

● AGFI は調整済み適合度指数です.

←⑧● NFI はモデル番号1の当てはまりが99.6% という意味です.

● RFI, IFI, TLI, CFI は 1 に近いほど良いモデル.

←⑨● PRATIO＝parsimony ratio

Parsimony
＝けち, 節約

【Amos による出力・その 5】

NCP

モデル	NCP	LO 90	HI 90
モデル番号 1	.000	.000	1.689
飽和モデル	.000	.000	.000	← ⑩
独立モデル	132.685	97.738	175.079

FMIN

モデル	FMIN	F0	LO 90	HI 90
モデル番号 1	.010	.000	.000	.027
飽和モデル	.000	.000	.000	.000	← ⑪
独立モデル	2.265	2.106	1.551	2.779

RMSEA

モデル	RMSEA	LO 90	HI 90	PCLOSE
モデル番号 1	.000	.000	.095	.914	← ⑫
独立モデル	.459	.394	.527	.000

AIC

モデル	AIC	BCC	BIC	CAIC
モデル番号 1	24.609	27.135	50.515	62.515
飽和モデル	30.000	33.158	62.383	77.383	← ⑬
独立モデル	152.685	153.738	163.479	168.479

【出力結果の読み取り方・その5】

←⑩ ●NCP＝noncentrality parameter＝非心度パラメータ

←⑪ ●FMIN＝minimum of the discrepancy

Discrepancy
＝不一致

←⑫ ●RMSEA が 0.05 より小さいとき

そのモデルは良くあてはまっています．

●RMSEA が 0.1 より大きいときは，

"そのモデルを採用しない方がよい" と考えられています．

●PCLOSE は次の仮説

　　　仮説 H_0：RESEA≦0.05

の有意確率です．

モデル1のPCLOSE は

　　　有意確率 0.914 ＞有意水準 0.05

なので，仮説 H_0 は棄却されません．

←⑬ ●AIC は赤池情報量基準です．

AIC の小さいモデルが良いモデルです．

【Amos による出力・その 6】

パス係数を解釈したいときは

次の 標準化推定値(T) をチェックします.

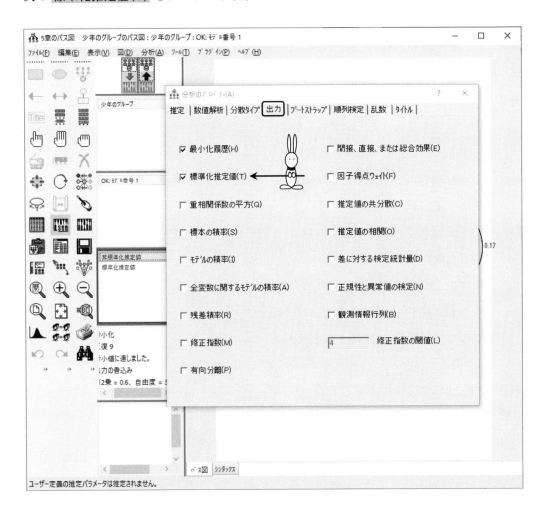

すると，次のようにパス図のパス係数が

標準化推定値

に変わります.

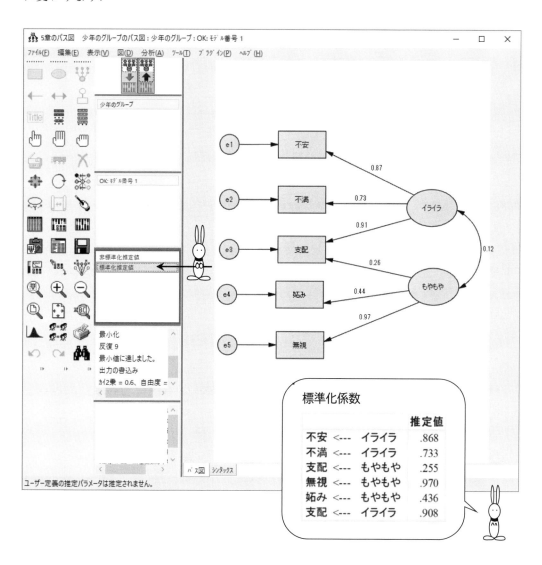

5.3 少女のグループの確認的因子分析

次のデータは，少女のグループに対しておこなった
アンケート調査の結果です．

表5.2　少女のグループ

	無視	妬み	支配	不安	不満
1	1	4	3	2	2
2	2	1	2	2	1
3	5	5	5	5	5
4	4	5	3	3	3
5	1	1	2	5	1
6	4	4	2	1	2
7	3	2	1	2	1
8	3	4	2	2	3
9	3	4	1	1	1
10	4	3	4	4	3
11	4	3	4	4	4
12	4	5	1	1	1
13	4	3	3	3	4
14	2	3	2	3	3
15	5	5	3	2	2
16	2	2	2	1	2
17	5	3	4	3	5
18	2	1	2	2	1
19	5	4	4	3	3
20	4	2	1	1	2
21	3	5	5	5	4
22	4	5	5	5	5
23	3	3	2	2	3
24	5	3	2	1	2
25	4	5	1	1	1
26	1	4	2	3	2
27	5	5	3	2	2

アンケート調査票は p.52
結果は表 5.1

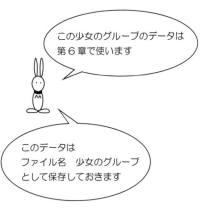

この少女のグループのデータは
第6章で使います

このデータは
ファイル名　少女のグループ
として保存しておきます

	🔲 無視	🔲 妬み	🔲 支配	🔲 不安	🔲 不満
28	3	3	2	1	2
29	4	2	4	5	3
30	2	1	2	2	1
31	1	3	3	5	5
32	4	5	3	3	3
33	1	1	2	2	4
34	4	4	2	1	2
35	3	2	1	2	1
36	3	4	2	2	3
37	3	4	1	1	1
38	4	3	4	4	3
39	4	3	4	4	4
40	4	3	4	5	3
41	4	2	4	3	4
42	2	3	2	3	3
43	5	5	3	2	2
44	1	4	3	2	2
45	2	2	2	1	2
46	5	3	4	3	5
47	3	3	1	2	2
48	2	1	2	2	1
49	5	4	4	3	3
50	4	2	1	1	2
51	5	3	2	1	1
52	5	4	4	3	3
53	4	3	4	4	4
54	1	4	2	3	2
55	2	3	2	3	3
56	3	3	2	1	2
57	4	2	4	5	3
58	4	5	3	3	4

このデータに対して，p.91 と同じパス図で
確認的因子分析をおこなうと，
Amos による出力は，次のようになります．

【Amos による出力・その1】

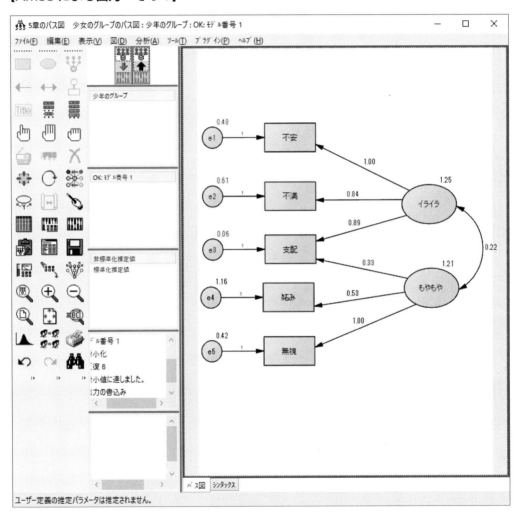

【Amos による出力・その 2】

モデルについての注釈

自由度の計算

独立な標本積率の数： 15
独立な推定パラメータの数： 12
自由度 (15 - 12)： 3

結果

最小値に達しました。
カイ2乗 = 5.561
自由度 = 3
有意確率 = .135

> 有意確率＝ 0.135 ＞有意水準 0.05
> なので，パス図はデータに適合しています

最尤(ML)推定値

係数：(少女のグループ)

			推定値	標準誤差	検定統計量	確率ラベル
不安	<---	イライラ	1.000			
不満	<---	イライラ	.836	.120	6.943	***
支配	<---	もやもや	.335	.139	2.410	.016
無視	<---	もやもや	1.000			
妬み	<---	もやもや	.528	.216	2.444	.015
支配	<---	イライラ	.894	.111	8.082	***

共分散：(少女のグループ)

			推定値	標準誤差	検定統計量	確率ラベル
イライラ	<-->	もやもや	.223	.211	1.057	.290

6.1 同時因子分析とは？

因子分析をしていると，

"2つのグループの潜在変数を比較してみたい"

と思うことがあります.

例えば，5章で登場した次のパス図に対して…

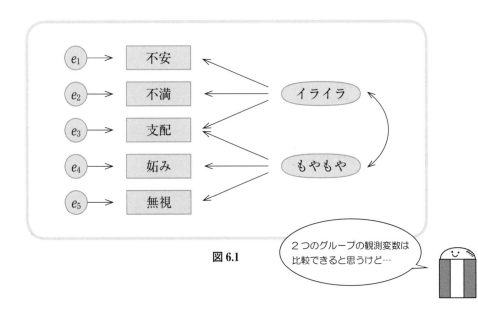

図 6.1

2つのグループの観測変数は
比較できると思うけど…

2つの因子分析

  ◉ 少年のグループについての確認的因子分析

  ◉ 少女のグループについての確認的因子分析

をおこなったとします.

 このとき，同じ名前の付いた潜在変数

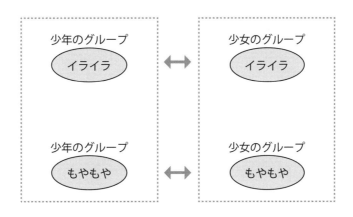

を，それぞれ比較することができるでしょうか？

5章の p.96 の出力結果を見ると

少年のグループのパス係数は，次のようになっています．

係数：(少年のグループ)

			推定値	標準誤差	検定統計量	確率ラベル
不安	<---	イライラ	1.000			
不満	<---	イライラ	.778	.111	7.038	***
支配	<---	もやもや	.259	.131	1.975	.048
無視	<---	もやもや	1.000			
妬み	<---	もやもや	.427	.215	1.987	.047
支配	<---	イライラ	1.033	.114	9.046	***

これに対し，5章の p.107 の出力結果を見ると

少女のグループのパス係数は……

係数：(少女のグループ)

			推定値	標準誤差	検定統計量	確率ラベル
不安	<---	イライラ	1.000			
不満	<---	イライラ	.836	.120	6.943	***
支配	<---	もやもや	.335	.139	2.410	.016
無視	<---	もやもや	1.000			
妬み	<---	もやもや	.528	.216	2.444	.015
支配	<---	イライラ	.894	.111	8.082	***

となって，

　　　"2つのグループのパス係数は一致していない"

ことがわかります．したがって，

2つのグループの潜在変数を比較するためには

"潜在変数のパス係数を一致させる"

ことが必要になります.

パス係数
＝因子負荷

このとき Amos の

構造平均による因子分析

を利用すると

● 潜在変数のパス係数の一致

● 潜在変数の平均値の差の検定

をすることができます.

IBM SPSS Amos 29 ユーザーズガイドに
　　例 12　複数グループの同時因子分析
　　例 15　構造平均による因子分析
の順で，詳しい解説が載っています

6.2 構造平均による因子分析

構造平均による因子分析は，次の3段階でおこないます．

同時分析です

第1段階　2つのグループのパス図の適合度検定　　☞ p. 118

　2つのグループに対して

●同じパス図が適応できるか？

を検討します．

　仮説は

$$\text{仮説 } H_0: \boxed{\begin{array}{c}\text{少年のグループの}\\\text{パス図}\end{array}} = \boxed{\begin{array}{c}\text{少女のグループの}\\\text{パス図}\end{array}}$$

となります．

　この仮説 H_0 を図示すると，右ページのようになります．

●この仮説 H_0 が棄却されるときは

"同じパス図は適用できない"

となります．

●この仮説 H_0 が棄却されないときは，第2段階へ進みます．

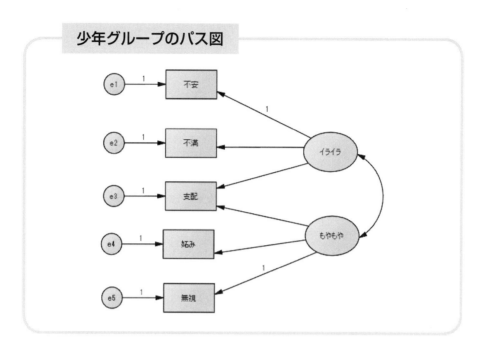

少年グループのパス図

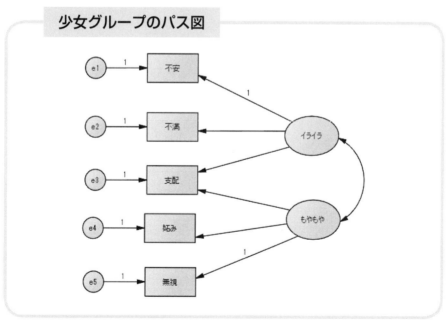

少女グループのパス図

2つのグループのパス図に対して

◉ パス係数を同じにしてよいかどうか？

の検定です.

仮説は

仮説 H_0：$\boxed{\begin{array}{c}少年のグループの\\パス係数\end{array}}$ ＝ $\boxed{\begin{array}{c}少女のグループの\\パス係数\end{array}}$

となります.

この仮説 H_0 を図示すると，右ページのようになります.

◉ この仮説 H_0 が棄却されるときは

　"同じパス係数は適用できない"

となります.

制約条件を利用！

◉ この仮説 H_0 が棄却されないときは，第3段階へと進みます.

制約条件

少年のグループの係数		少女のグループの係数
a_1	＝	a_2
b_1	＝	b_2
c_1	＝	c_2
d_1	＝	d_2
e_1	＝	e_2

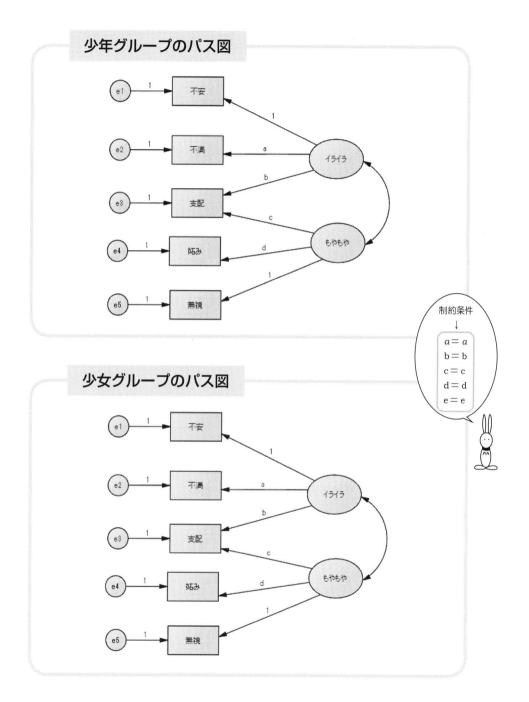

第3段階　潜在変数の平均の差の検定　　☞ p. 140

はじめに

　●潜在変数の制約条件が異なるパス図の適合度検定

をします.

　仮説は

　　　　仮説 H_0：右ページの2つのパス図は適合している

となります.

　　　　有意確率 [　　　] ＞有意水準 0.05

のとき，"適合している"となるので……

適合度検定です

　次の

　●潜在変数の平均の差の検定

へ進みます.

　仮説は

　　　　仮説 H_0：潜在変数の平均の差 ＝ [0]

となります.

　　　　有意水率 [　　　] ≦有意水準 0.05

のとき，仮説 H_0 は棄却されるので,

　　　　"潜在変数の平均に差がある"

となります.

つまり
仮説 H_0：aaa ＝ 0
仮説 H_0：bbb ＝ 0

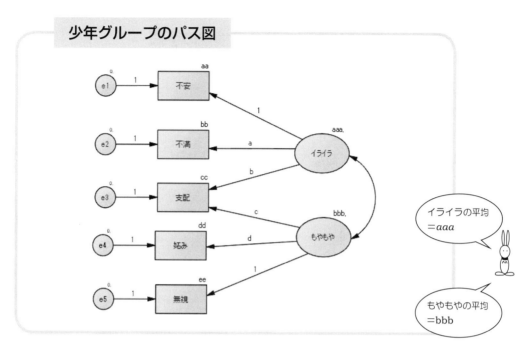

少年グループのパス図

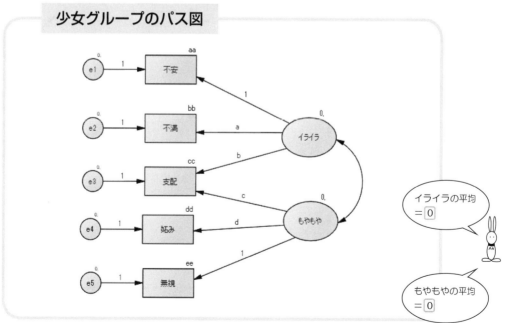

少女グループのパス図

2つのパス図の
同等性を
検証します！

手順 1 はじめに，5章で作成したパス図を開いておきます.

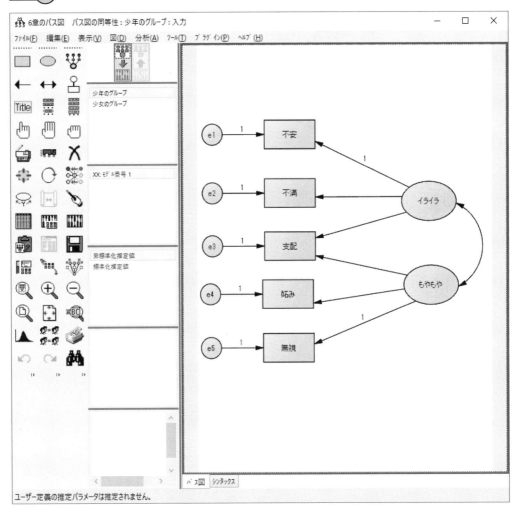

手順② 分析（A）のメニューから

グループ管理（G）

を選択します.

2つのグループを
同時に分析したいので…

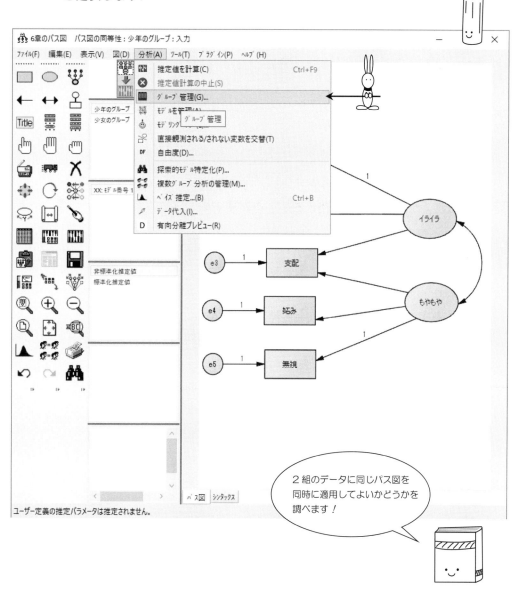

2組のデータに同じパス図を
同時に適用してよいかどうかを
調べます！

手順③ 次の グループ管理(G) の画面になったら

グループ番号1を，次のように少年のグループに変更します．

続いて，新規作成(N) をクリック．

グループ番号2を，少女のグループに変更します．

次のようになったら，閉じる(C) をクリック．

手順 ④ 次は ファイル(F) のメニューから

データファイル(D)

を選択します.

2つのグループの
データファイルを
それぞれ指定します

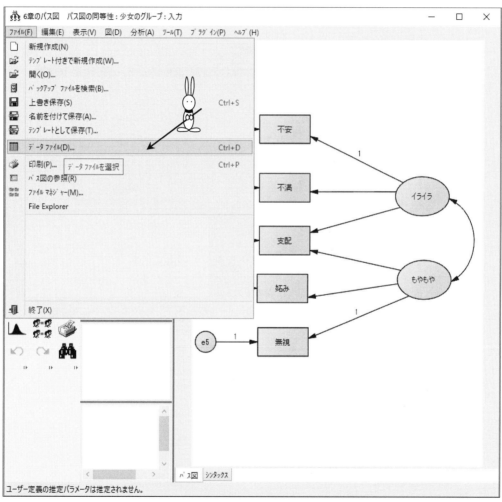

手順 **5** 次の データファイル(D) の画面になったら

少年のグループ〈ワーキング〉を選択し，ファイル名(N) をクリックして

データのファイル名 少年のグループ.sav

を選択します．

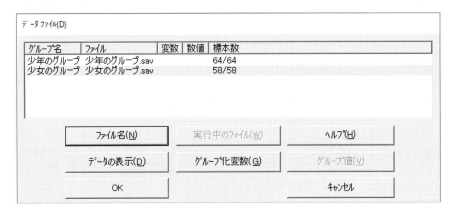

続いて，同様に 少女のグループ〈ワーキング〉のところに

データのファイル名 少女のグループ.sav

を入力します．

手順 ⑥ 最後に 分析（A） のメニューから

推定値を計算（C）

をクリックすると，計算が始まります．

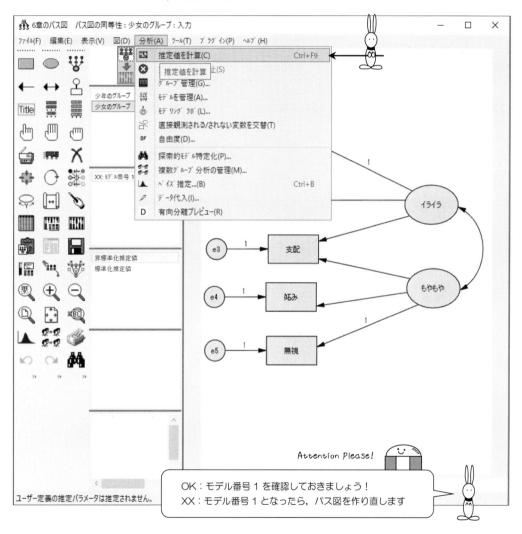

OK：モデル番号 1 を確認しておきましょう！
XX：モデル番号 1 となったら，パス図を作り直します

【Amos による出力・その 1】

モデルについての注釈 (モデル番号 1)

自由度の計算 (モデル番号 1)

独立な標本積率の数: 30
独立な推定パラメータの数: 24
自由度 (30 - 24): 6

結果 (モデル番号 1)

最小値に達しました。
カイ2乗 = 6.174
自由度 = 6
有意確率 = .404　← ①

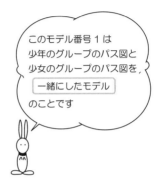

【出力結果の読み取り方・その1】

←① 2つのグループのパス図の適合度検定

仮説 H_0：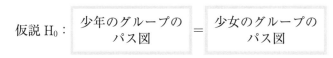

有意確率 $\boxed{0.404}$ ＞有意水準 0.05

なので

"2つのグループのパス図は同じとしてよい"

ということがわかります.

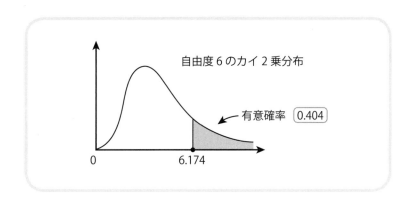

第1段階の確認
終了です！

【Amos による出力・その 2】

最尤(ML)推定値　　　　　　　　　　　　　　←②

係数: (少年のグループ - モデル番号 1)

			推定値	標準誤差	検定統計量	確率ラベル
不安	<---	イライラ	1.000			
不満	<---	イライラ	.778	.111	7.035	***
支配	<---	もやもや	.259	.131	1.975	.048
無視	<---	もやもや	1.000			
妬み	<---	もやもや	.427	.215	1.987	.047
支配	<---	イライラ	1.033	.114	9.043	***

←③

共分散: (少年のグループ - モデル番号 1)

			推定値	標準誤差	検定統計量	確率ラベル
イライラ	<-->	もやもや	.166	.199	.834	.405

←④

分散: (少年のグループ - モデル番号 1)

	推定値	標準誤差	検定統計量	確率ラベル
イライラ	1.217	.294	4.137	***
もやもや	1.535	.727	2.110	.035
el	.399	.117	3.413	***

$$\frac{推定値}{標準誤差} = 検定統計量$$

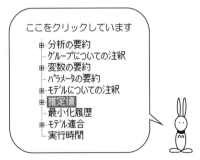

ここをクリックしています
- ⊞ 分析の要約
- グループについての注釈
- ⊞ 変数の要約
- パラメータの要約
- ⊞ モデルについての注釈
- ⊞ 推定値
- 最小化履歴
- ⊞ モデル適合
- 実行時間

【出力結果の読み取り方・その2】

← ②　最尤法による計算です

← ③　少年のグループのパス係数の推定値

　　　このパス係数（＝推定値）は，p.96 の確認的因子分析の

　　　パス係数と一致しています．

← ④　⬭イライラ⬭ と ⬭もやもや⬭ の共分散の推定値

　　　ここのところは，次の仮説の検定にもなっています．

　　　　仮説 H_0 : ⬭イライラ⬭ と ⬭もやもや⬭ の共分散＝ 0

　　　　有意確率 0.405 ＞有意水準 0.05

　　なので，仮説 H_0 は棄却されません．

　　　したがって，

　　　　"⬭イライラ⬭ と ⬭もやもや⬭ の間に相関があるとはいえない"

　　ことがわかります．

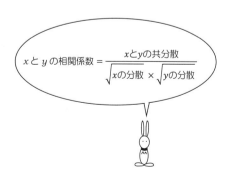

$x と y の相関係数 = \dfrac{x と y の共分散}{\sqrt{x の分散} \times \sqrt{y の分散}}$

【Amos による出力・その 3】

最尤(ML)推定値

係数: (少女のグループ - モデル番号 1)

			推定値	標準誤差	検定統計量	確率ラベル
不安	<---	イライラ	1.000			
不満	<---	イライラ	.836	.120	6.946	***
支配	<---	もやもや	.335	.139	2.411	.016
無視	<---	もやもや	1.000			
妬み	<---	もやもや	.528	.216	2.445	.014
支配	<---	イライラ	.894	.111	8.085	***

← ⑤

共分散: (少女のグループ - モデル番号 1)

			推定値	標準誤差	検定統計量	確率ラベル
イライラ	<-->	もやもや	.223	.211	1.058	.290

← ⑥

分散: (少女のグループ - モデル番号 1)

	推定値	標準誤差	検定統計量	確率ラベル
イライラ	1.247	.326	3.829	***
もやもや	1.210	.516	2.347	.019
e1	.475	.134	3.549	***

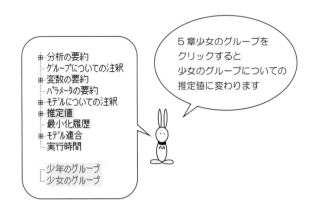

５章少女のグループを
クリックすると
少女のグループについての
推定値に変わります

⊞ 分析の要約
　 グループについての注釈
⊞ 変数の要約
　 パラメータの要約
⊞ モデルについての注釈
⊞ 推定値
　 最小化履歴
⊞ モデル適合
　 実行時間

　 少年のグループ
　 少女のグループ

【出力結果の読み取り方・その３】

◀⑤　少女のグループのパス係数の推定値

　　このパス係数（＝推定値）は，p.107 の確認的因子分析のパス係数と一致しています．

◀⑥　 の共分散の推定値

　　ここのところは，次の仮説の検定にもなっています．

　　　　仮説 H_0：イライラ と もやもや の共分散＝ 0

　　　　有意確率 0.290 ＞有意水準 0.05

　　なので，仮説 H_0 は棄却されません．

　　したがって，

　　　　"イライラ と もやもや の間に相関があるとはいえない"

　　ことがわかります．

共分散 ＝ 0 ⇔ 相関係数 ＝ 0

6.4 2つのグループのパス係数の適合度検定の手順

手順 ① 次のパス図から始まります.

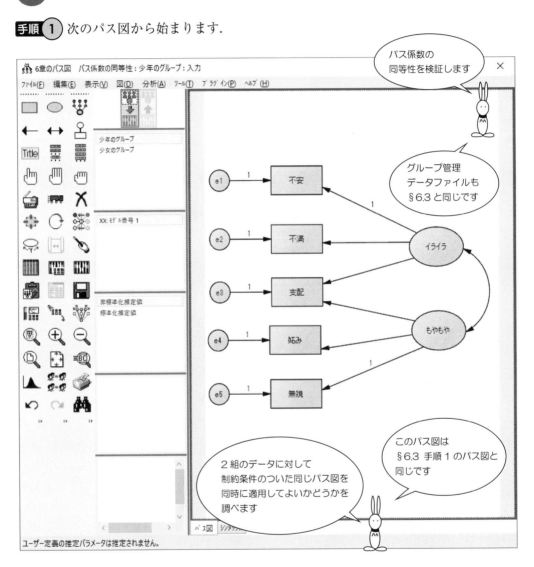

手順② 不満 ← イライラ の矢印を右クリックすると

次の画面が現れるので,

オブジェクトのプロパティ(O) を選択.

オブジェクトのプロパティ(O) の画面になったら,

係数(R) のところに a と入力します.

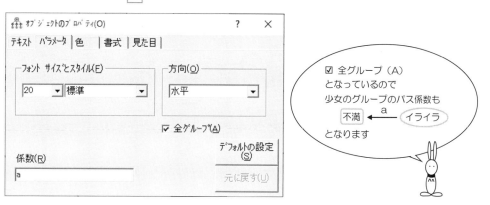

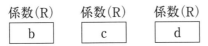

手順 ③ 残りの矢印 ← にも，それぞれ

係数(R)	係数(R)	係数(R)
b	c	d

のように入力すると，パス図の係数は次のようになります．

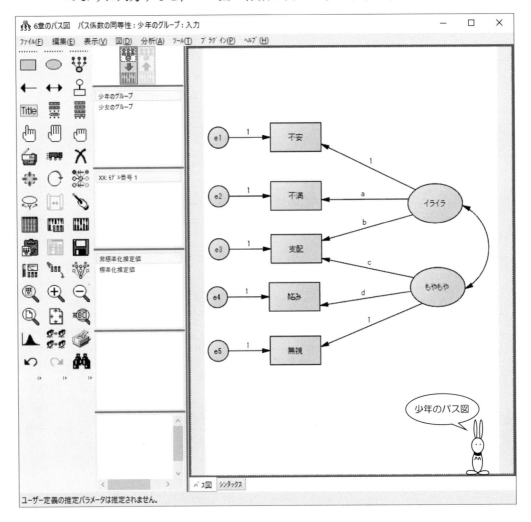

手順④ 分析のメニューから

推定値を計算(C)

を実行 !!

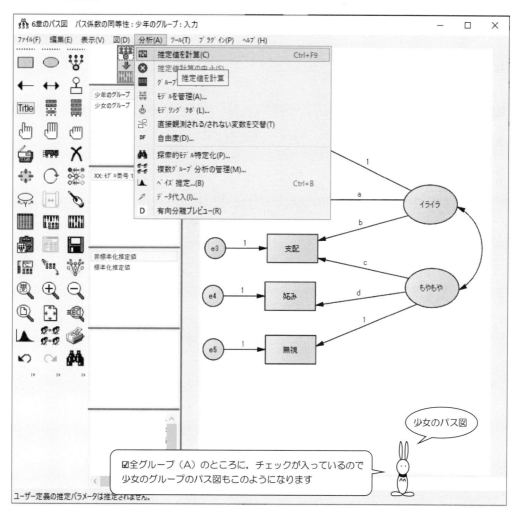

少女のパス図

☑全グループ（A）のところに，チェックが入っているので
少女のグループのパス図もこのようになります

【Amos による出力・その 1】

モデルについての注釈 (モデル番号 1)

自由度の計算 (モデル番号 1)

　　　独立な標本積率の数：　30
　　独立な推定パラメータの数：　20
　　　　　自由度 (30 - 20)：　10

結果 (モデル番号 1)

最小値に達しました。
カイ2乗 = 7.530
自由度 = 10
有意確率 = .675 ← ①

> このモデル番号 1 は
> 少年のグループのパス図と
> 少女のグループのパス図を
> 一緒にしたモデル
> のことです

- 分析の要約
- グループについての注釈
- 変数の要約
- パラメータの要約
- モデルについての注釈
- 推定値
- 最小化履歴
- モデル適合
- 実行時間

- 少年のグループ
- 少女のグループ

【出力結果の読み取り方・その1】

←① 2つのパス図のパス係数の適合度検定

仮説 H_0：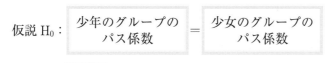

有意確率 $\boxed{0.675}$ ＞有意水準 0.05

なので，

"2つのパス図のパス係数は同じ"

と仮定できます．

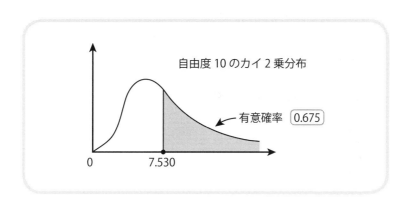

最尤(ML)推定値

係数：(少年のグループ - モデル番号1)

			推定値	標準誤差	検定統計量	確率	ラベル
不安	<---	イライラ	1.000				
不満	<---	イライラ	.806	.082	9.801	***	a
支配	<---	もやもや	.292	.095	3.084	.002	c
無視	<---	もやもや	1.000				
妬み	<---	もやもや	.477	.152	3.131	.002	d
支配	<---	イライラ	.973	.081	11.978	***	b

← ②

共分散：(少年のグループ - モデル番号1)

			推定値	標準誤差	検定統計量	確率	ラベル
イライラ	<-->	もやもや	.178	.197	.904	.366	

← ③

分散：(少年のグループ - モデル番号1)

	推定値	標準誤差	検定統計量	確率	ラベル
イライラ	1.282	.281	4.569	***	
もやもや	1.388	.498	2.788	.005	
e1	.365	.107	3.415	***	
e2	.619	.124	4.974	***	
e3	.119	.089	1.331	.183	
e4	1.168	.231	5.066	***	
e5	.241	.420	.574	.566	

$$\frac{推定値}{標準誤差} = 検定統計量$$

←② 　少年のグループのパス係数

> 制約条件
>
> 　　a＝a, b＝b, c＝c, d＝d, e＝e

とおいたので,

このパス係数は, 少女のパス係数と一致します.

　したがって, 次の潜在変数

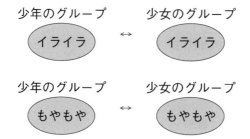

を, それぞれ, 比較することができます!!

←③  の共分散の推定値

　　有意確率 [0.366] ＞有意水準 0.05

なので,

　　　"イライラ と もやもや の間に相関があるとはいえない"

ことがわかります.

最尤(ML)推定値

係数：(少女のグループ - モデル番号 1)

			推定値	標準誤差	検定統計量	確率	ラベル
不安	<---	イライラ	1.000				
不満	<---	イライラ	.806	.082	9.801	***	a
支配	<---	もやもや	.292	.095	3.084	.002	c
無視	<---	もやもや	1.000				
妬み	<---	もやもや	.477	.152	3.131	.002	d
支配	<---	イライラ	.973	.081	11.978	***	b

← ④

共分散：(少女のグループ - モデル番号 1)

			推定値	標準誤差	検定統計量	確率	ラベル
イライラ	<-->	もやもや	.213	.200	1.063	.288	

← ⑤

分散：(少女のグループ - モデル番号 1)

	推定値	標準誤差	検定統計量	確率	ラベル
イライラ	1.138	.265	4.290	***	
もやもや	1.328	.491	2.704	.007	
e1	.534	.131	4.062	***	
e2	.650	.134	4.831	***	
e3	.024	.087	.273	.785	
e4	1.190	.243	4.895	***	
e5	.308	.407	.757	.449	

【出力結果の読み取り方・その3】

←④　少女のグループのパス係数

少年のグループのパス係数と一致しています.

←⑤　イライラともやもやの共分散の推定値

　　　有意確率 $\boxed{0.288}$ ＞有意水準 0.05

なので,

　　　　"（イライラ）と（もやもや）の間に相関があるとはいえない"

ことがわかります.

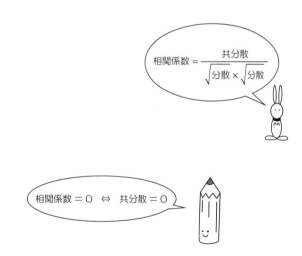

相関係数 $=\dfrac{\text{共分散}}{\sqrt{\text{分散}} \times \sqrt{\text{分散}}}$

相関係数 ＝０　⇔　共分散 ＝０

手順① 次のパス図から始めます.

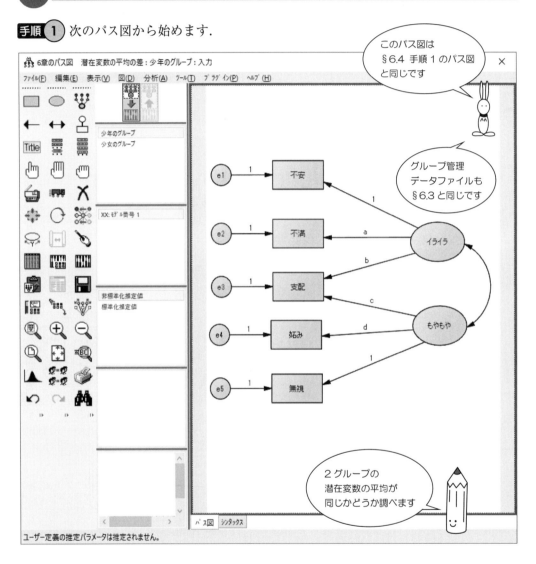

手順 ② 表示（V）のメニューから

分析のプロパティ（A）

を選択します.

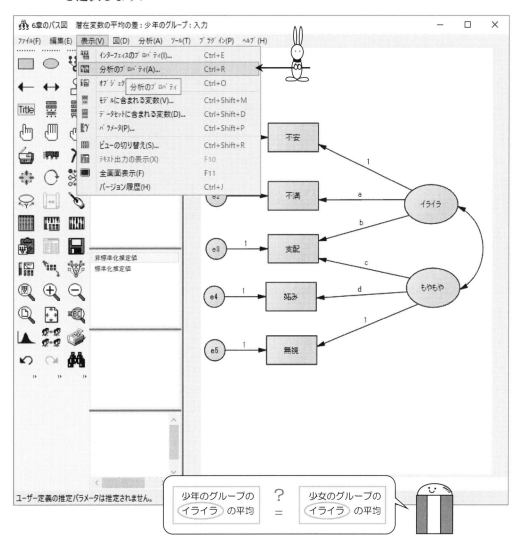

少年のグループの イライラ の平均 ＝ 少女のグループの イライラ の平均 ？

手順 3 次の 分析のプロパティ（A） の画面になったら

　　　　　□ 平均値と切片を推定（E）

を選択します.

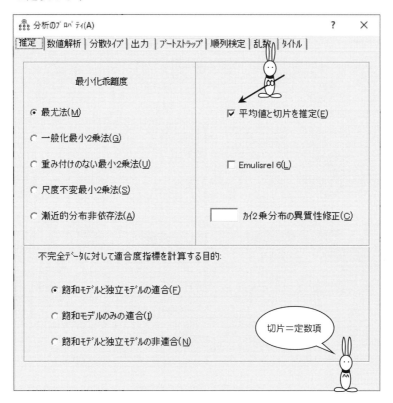

手順④ パス図の観測変数 不安 を右クリックすると

次の画面が現れるので

オブジェクトのプロパティ(O) を選択します.

オブジェクトのプロパティ(O) の画面になったら

切片(I) のところに aa と入力し,

□ 全グループ(A) にチェックします.

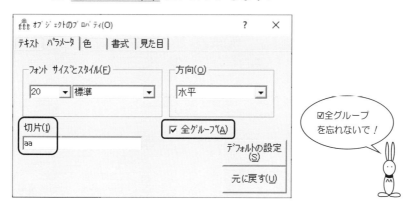

☑全グループ
を忘れないで！

切片	切片	切片	切片
bb	cc	dd	ee

と入力します.

パス図は次のようになります.

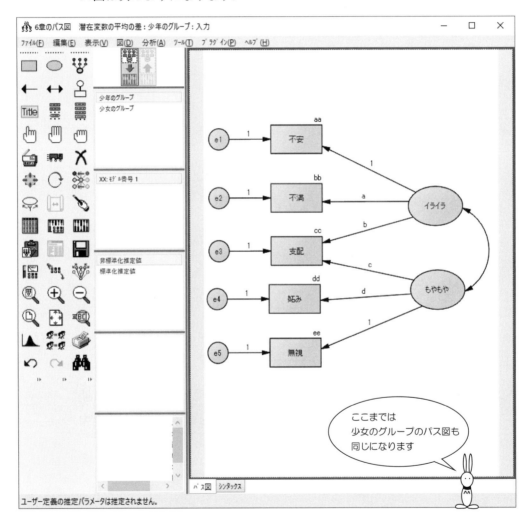

手順❻ 潜在変数の イライラ を右クリックして，次の画面が現れたら

オブジェクトのプロパティ(O) を選択.

オブジェクトのプロパティ(O) の画面になったら

パラメータ をクリックして

平均(M) → aaa のように入力します.

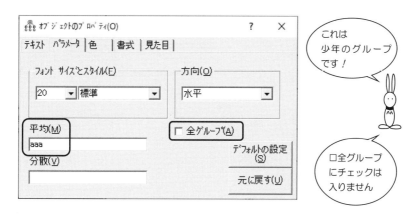

手順7 続いて，もやもや を右クリックして

オブジェクトのプロパティ(O) の画面になったら，

平均(M) のところに bbb と入力します.

すると，少年のグループのパス図は，次のようになります.

全グループ
チェック
なし

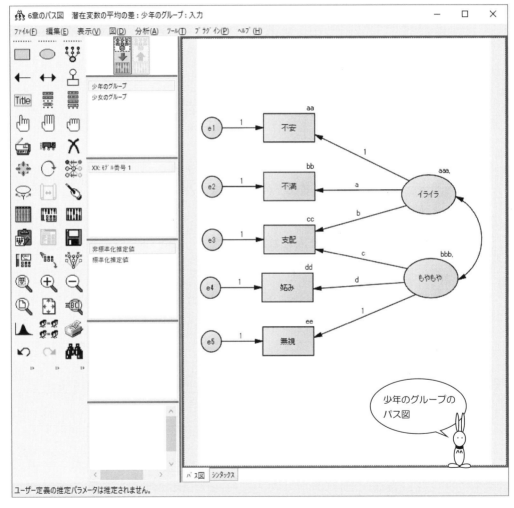

少年のグループの
パス図

手順 8 少女のグループのパス図については…

(イライラ) を右クリックして，次の画面が現れたら

オブジェクトのプロパティ(O) を選択．

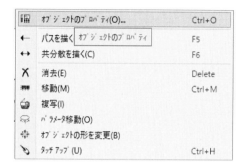

オブジェクトのプロパティ(O) の画面になったら

平均(M) のところに $\boxed{0}$ と入力します．

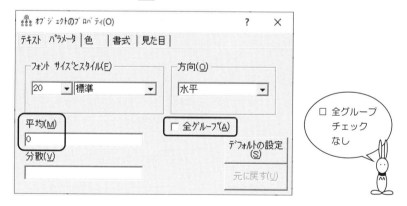

□ 全グループ
チェック
なし

続いて， もやもや を右クリックして

オブジェクトのプロパティ(O) の画面になったら

平均(M) のところに 0 と入力します．

すると，少女のグループのパス図は，次のようになります．

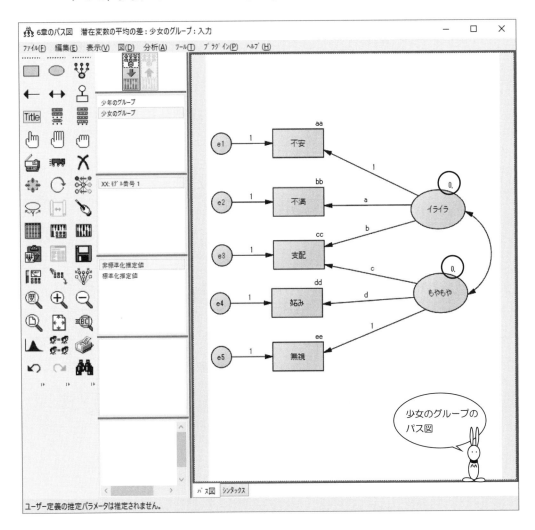

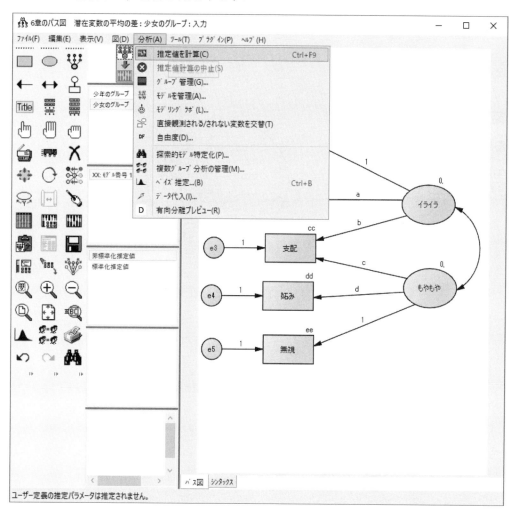

手順⑩ 最後に，分析(A) のメニューの

推定値を計算(C)

を選択して，計算が始まります．

【Amos による出力・その 1】

モデルについての注釈 (モデル番号 1)

自由度の計算 (モデル番号 1)

独立な標本積率の数： 40
独立な推定パラメータの数： 27
自由度 (40 - 27)： 13

結果 (モデル番号 1)

最小値に達しました。
カイ2乗 ＝ 9.110
自由度 ＝ 13
有意確率 ＝ .765 ← ①

このモデル番号 1 は
少年のグループのパス図と
少女のグループのパス図を
一緒にしたモデル
のことです

【出力結果の読み取り方・その1】

←① 制約条件が異なる2つのパス図の適合度検定

　　　仮説 H_0：p.146, p.148 の2つのパス図は適合している.

　　　有意確率 $\boxed{0.765}$ ＞有意水準 0.05

なので,

　　　"潜在変数の制約条件が異なる2つのパス図は適合している"

ことがわかります.

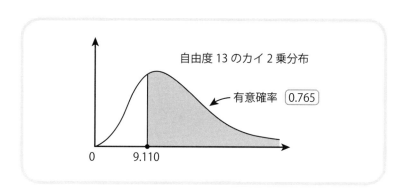

自由度13のカイ2乗分布

有意確率 $\boxed{0.765}$

0　　9.110

【Amos による出力・その 2】

最尤(ML)推定値

係数：(少年のグループ - モデル番号 1)

		推定値	標準誤差	検定統計量	確率	ラベル
不安 <---	イライラ	1.000				
不満 <---	イライラ	.811	.080	10.148	***	a
支配 <---	もやもや	.318	.095	3.339	***	c
無視 <---	もやもや	1.000				
支配 <---	イライラ	.944	.075	12.573	***	b
妬み <---	もやもや	.506	.151	3.355	***	d

←②

最尤法で
計算しています

平均値：(少年のグループ - モデル番号 1)

	推定値	標準誤差	検定統計量	確率	ラベル
イライラ	.431	.213	2.025	.043	aaa
もやもや	-.164	.230	-.712	.476	bbb

←③

切片：(少年のグループ - モデル番号 1)

	推定値	標準誤差	検定統計量	確率	ラベル
不安	2.640	.160	16.524	***	aa
不満	2.654	.140	18.934	***	bb
支配	2.649	.153	17.320	***	cc
妬み	3.248	.127	25.549	***	dd
無視	3.350	.168	19.979	***	ee

平均値のところは

$$\frac{0.431}{0.213} = 2.025$$

$$\frac{-0.164}{0.230} = -0.172$$

共分散：(少年のグループ - モデル番号 1)

		推定値	標準誤差	検定統計量	確率	ラベル
イライラ <-->	もやもや	.186	.198	.943	.345	

少年のグループ
少女のグループ

$$\frac{推定値}{標準偏差} = 検定統計量$$

【出力結果の読み取り方・その2】

←② 少年のグループのパス係数です

このパス係数は，少女のグループのパス係数と一致しています．

したがって，

"潜在変数の平均を比べることに意味がある"

ことがわかります．

少女のパス図は
p.154

←③ 潜在変数の平均の差の検定

仮説 H_0：少年のグループと少女のグループの（ イライラ ）の平均は等しい

有意確率 $\boxed{0.043}$ ≦有意水準 0.05

なので，仮説 H_0 は棄却されます．

したがって，

"少年のグループと少女のグループの（ イライラ ）に差がある"

ことがわかります． ☞ p. 155

仮説 H_0：少年のグループと少女のグループの（ もやもや ）の平均は等しい

有意確率 $\boxed{0.476}$ ＞有意水準 0.05

なので，

"少年のグループと少女のグループの（ もやもや ）に差があるとはいえない"

ことがわかります． ☞ p. 155

【Amos による出力・その3】

最尤(ML)推定値

係数：(少女のグループ - モデル番号 1)

			推定値	標準誤差	検定統計量	確率	ラベル
不安	<---	イライラ	1.000				
不満	<---	イライラ	.811	.080	10.148	***	a
支配	<---	もやもや	.318	.095	3.339	***	c
無視	<---	もやもや	1.000				
支配	<---	イライラ	.944	.075	12.573	***	b
妬み	<---	もやもや	.506	.151	3.355	***	d

← ④

切片：(少女のグループ - モデル番号 1)

	推定値	標準誤差	検定統計量	確率	ラベル
不安	2.640	.160	16.524	***	aa
不満	2.654	.140	18.934	***	bb
支配	2.649	.153	17.320	***	cc
妬み	3.248	.127	25.549	***	dd
無視	3.350	.168	19.979	***	ee

← ⑤

共分散：(少女のグループ - モデル番号 1)

			推定値	標準誤差	検定統計量	確率	ラベル
もやもや	<-->	イライラ	.208	.201	1.034	.301	

【出力結果の読み取り方・その3】

←④　少女のグループのパス係数

制約条件：a＝a，b＝b，c＝c，d＝dがあるので

少年のグループのパス係数と一致します.

少年のパス図は
p.152

←⑤　少女のグループの切片

制約条件：aa＝aa，bb＝bb，cc＝cc，dd＝dd，ee＝eeがあるので

少年のグループの切片と一致します.

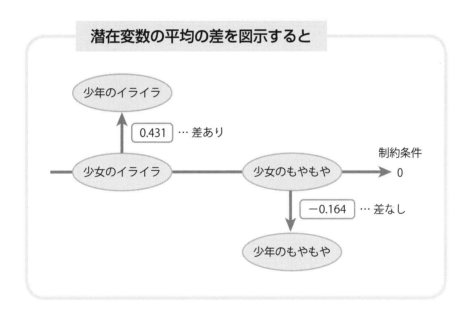

潜在変数の平均の差を図示すると

少年のイライラ

0.431 … 差あり

少女のイライラ　　　　　　　　　少女のもやもや　　制約条件
0

−0.164 … 差なし

少年のもやもや

第 7 章

SD 法
——●形容詞を尺度に心理評定をする

7.1 SD 法とは？

　SD 法とは，アンケート調査の一種で
調査票の質問項目がすべて，右ページのように
　　　　"対になった形容詞"
になっています．

　この質問項目からなる調査票を
　　　　評定用紙
といい，この評定用紙を用いて
　　　　学校　　病院　　高齢者施設
など，さまざまな対象（＝対象空間）の
　　　　イメージ測定
をします．

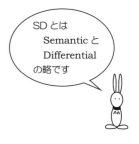

SD とは
Semantic と
Differential
の略です

Semantic の意味は
"意味"？

Differential の意味は
"差，微分"？？

これが評定用紙です

記入した印を
データファイルに入力
するときには
−2，−1，0，1，2
と値を置き換えます

表7.1

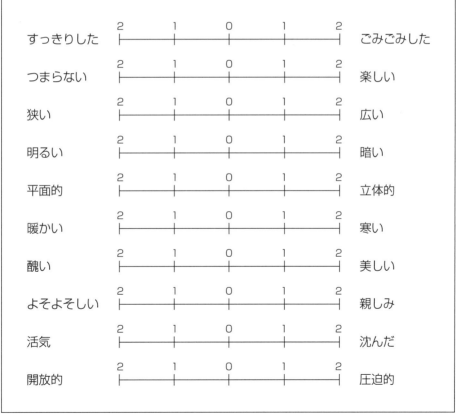

評定用紙

幼稚園の名称 [_____]　調査回答者の名前 [_____]

　各項目ごとに，この幼稚園の外観のイメージに最も近い
ところに○印を付けてください．

すっきりした	2　　1　　0　　1　　2	ごみごみした
つまらない	2　　1　　0　　1　　2	楽しい
狭い	2　　1　　0　　1　　2	広い
明るい	2　　1　　0　　1　　2	暗い
平面的	2　　1　　0　　1　　2	立体的
暖かい	2　　1　　0　　1　　2	寒い
醜い	2　　1　　0　　1　　2	美しい
よそよそしい	2　　1　　0　　1　　2	親しみ
活気	2　　1　　0　　1　　2	沈んだ
開放的	2　　1　　0　　1　　2	圧迫的

【研究目的】

◉ 20 の幼稚園の

・外観のイメージ

・雰囲気

を，SD 法を用いて測定します．

◉ 20 の幼稚園を

外観や雰囲気の意味空間

上に位置付けます．

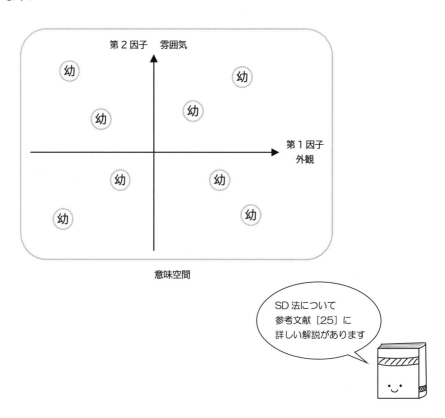

SD 法について
参考文献［25］に
詳しい解説があります

【統計処理の流れ】

統計処理 1

研究目的が決まったら……

20 の幼稚園と
5 人の調査回答者です

統計処理 2

対象空間と調査回答者を選定します.

統計処理 3

評定尺度を選び，評定用紙を作成します.

統計処理 4

調査回答者に対象空間を体験してもらい，評定用紙に記入してもらいます.

統計処理 5

各対象空間ごとに評定結果の平均値を求めます. ☞ p. 162

統計処理 6

評定用紙の項目を変数として，因子分析をおこない，

第 1 因子，第 2 因子，……を抽出します. ☞ p. 172

統計処理 7

各因子の因子得点を求め，対象空間を意味空間の上に表現します. ☞ p. 179

【評定用紙について】

1. 対になった形容詞を選びます.

2. SD 法を開発した Charles E. Osgood によると

- Evaluation ·············· 評価
- Potency ················ 有効
- Activity ················ 活動

に関する形容詞の対を質問項目に入れることをすすめています.

- 井上正明氏, 小林利宜氏の論文に, 右ページのような形容詞対が載っています.

ぜひ一読を
おすすめします

明るい	―暗い	嬉しい	―悲しい
やわらかい	―かたい	深い	―浅い
暖かい	―冷たい	落ち着いた	―落ち着きのない
積極的な	―消極的な	慎重な	―軽率な
強い	―弱い	理性的な	―感情的な
静かな	―うるさい	やさしい	―こわい
陽気な	―陰気な	意欲的な	―無気力な
美しい	―醜い	かわいらしい	―にくらしい
重い	―軽い	のんびりした	―こせこせした
活発な	―不活発な	勇敢な	―臆病な
好きな	―嫌いな	優しい	―厳しい
良い	―悪い	丸い	―四角い
親切な	―不親切な	広い	―狭い
はげしい	―おだやかな	はっきりした	―ぼんやりした
楽しい	―苦しい	強気な	―弱気な
派手な	―地味な	思いやりのある	―わがままな
面白い	―つまらない	外向的な	―内向的な
鋭い	―鈍い	清潔な	―不潔な
気持ちのよい	―気持ちのわるい	社交的な	―非社交的な
頼もしい	―頼りない	新しい	―古い
たくましい	―弱々しい	まとまった	―バラバラな
大きい	―小さい	元気な	―疲れた
まじめな	―ふまじめな	幸福な	―不幸な
速い	―遅い	感じのよい	―感じのわるい
愉快な	―不愉快な	親しみやすい	―親しみにくい
安定した	―不安定な	あつい	―つめたい
おしゃべりな	―無口な	優れている	―劣っている
きれいな	―きたない	敏感な	―鈍感な
きちんとした	―だらしのない	すばやい	―のろい
男性的な	―女性的な	豊かな	―貧しい
複雑な	―単純な	生き生きした	―生気のない
動的な	―静的な	自由な	―不自由な
素直な	―強情な	充実した	―空虚な
責任感のある	―無責任な	にぎやかな	―さびしい

（井上正明, 小林利宣「日本における SD 法による研究分野とその形容詞対尺度構成の概観」教育心理学研究. 33 巻 3 号, 1985 年より引用）

【データ入力の準備】

表7.2 SD法のための評定実験の平均値

幼稚園	回答者	すっきり	楽しい	広い	明るい	立体的	暖か	美しい	親しみ	活気	開放的
	A	0	1	−1	1	−1	0	0	1	0	0
	B	1	2	−2	1	−2	2	0	2	1	0
No.1	C	−1	−1	−1	1	−1	1	0	2	0	−2
	D	0	1	0	1	−2	1	0	0	0	0
	E	−1	0	0	0	−2	0	0	0	0	0
	平均値	−0.2	0.6	−0.8	0.8	−1.6	0.8	0	1	0.2	−0.4

幼稚園	回答者	すっきり	楽しい	広い	明るい	立体的	暖か	美しい	親しみ	活気	開放的
	A	0	0	−1	0	−1	0	−1	−2	0	0
	B	−1	1	0	1	−1	1	−1	0	1	−1
No.2	C	0	0	−1	0	−2	0	0	0	0	0
	D	0	0	−1	0	−1	1	0	2	1	−1
	E	0	0	0	0	−2	1	−2	1	0	0
	平均値	−0.2	0.2	−0.6	0.2	−1.4	0.6	−0.8	0.2	0.4	−0.4

⋮

幼稚園	回答者	すっきり	楽しい	広い	明るい	立体的	暖か	美しい	親しみ	活気	開放的
	A	−1	0	0	2	−1	1	0	1	0	0
	B	2	1	−2	1	2	0	0	1	0	−1
No.18	C	−1	−1	−1	−1	−1	−1	−1	0	−2	−1
	D	−1	−1	−2	0	−2	−1	−1	0	0	−1
	E	0	−2	−1	0	−1	0	−2	0	0	0
	平均値	−0.2	−0.6	−1.2	0.4	−0.6	−0.2	−0.8	0.4	−0.4	−0.6

幼稚園	回答者	すっきり	楽しい	広い	明るい	立体的	暖か	美しい	親しみ	活気	開放的
	A	0	−2	−1	−1	−1	−1	0	−2	−2	−2
	B	1	2	−2	1	−2	2	0	2	1	0
No.19	C	0	−2	−1	−1	−1	−1	0	0	−1	−1
	D	0	−2	−1	0	−1	−1	−1	1	−1	−1
	E	0	1	−1	1	1	1	1	1	1	0
	平均値	0.2	−0.4	−1.2	0	−0.8	0	0	0.4	−0.4	−0.8

幼稚園	回答者	すっきり	楽しい	広い	明るい	立体的	暖か	美しい	親しみ	活気	開放的
	A	−1	−1	0	0	−1	0	−1	0	0	0
	B	0	1	−1	0	−1	1	0	0	0	0
No.20	C	−1	−1	−2	−1	−1	0	0	0	0	0
	D	0	0	0	0	−2	0	0	1	0	0
	E	0	−2	−1	1	−2	−1	−1	0	0	0
	平均値	−0.4	−0.6	−0.8	0	−1.4	0	−0.4	0.2	0	0

【データ入力の型】

前ページで計算した平均値を，SPSS のデータファイルに入力します．

	幼稚園	すっきり	楽しい	広い	明るい	立体的	暖かい	美しい	親しみ	活気	開放的
1	1	-.2	.6	-.8	.8	-1.6	.8	.0	1.0	.2	-.4
2	2	-.2	.2	-.6	.2	-1.4	.6	-.8	.2	.4	-.4
3	3	-.6	-.8	-1.4	-.2	-1.6	-.4	-.8	-.2	-1.0	-1.2
4	4	-.6	-.8	-1.0	.6	-1.2	.0	.0	-.6	-.6	-.8
5	5	-.6	.8	-.4	1.2	-1.4	1.6	.2	1.8	.6	-.6
6	6	-.6	.0	-1.2	.0	-1.2	.2	-.4	-.2	-.6	-.2
7	7	.0	.6	-1.4	.6	-1.0	.8	-1.2	.4	-.4	.0
8	8	-.4	.4	-1.6	.8	-1.8	.6	-.8	.8	-.4	-.2
9	9	-.4	-.4	-1.2	.0	-1.8	-.6	-.2	.6	.2	-.4
10	10	.4	.8	-.8	.2	-.8	.8	-.8	.6	-.4	-.4
11	11	-.4	.4	-.6	.8	-1.8	.4	-1.0	.4	-.4	.0
12	12	-.6	.2	-1.0	.2	-1.0	.2	-.4	.0	-.4	-.6
13	13	-.2	.6	-.8	.2	-1.6	.8	-.2	.6	.2	-.2
14	14	-.4	-.2	-.2	-.4	-1.8	.0	-.6	.2	-.2	.0
15	15	.0	.0	-.8	.2	-1.2	1.2	-.2	.8	-.2	-.4
16	16	-.4	.6	-1.2	1.0	-1.0	1.0	.0	.8	.0	-.2
17	17	.0	-1.0	-1.2	.0	-1.6	.2	-.8	-.6	-.6	-.8
18	18	-.2	-.6	-1.2	.4	-.6	-.2	-.8	.4	-.4	-.6
19	19	.2	-.4	-1.2	.0	-.8	.0	.0	.4	-.4	-.8
20	20	-.4	-.6	-.8	.0	-1.4	.0	-.4	.2	.0	.0
21											

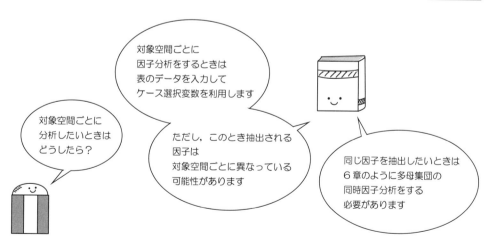

対象空間ごとに分析したいときはどうしたら？

対象空間ごとに因子分析をするときは表のデータを入力してケース選択変数を利用します

ただし，このとき抽出される因子は対象空間ごとに異なっている可能性があります

同じ因子を抽出したいときは6章のように多母集団の同時因子分析をする必要があります

手順 1 データを入力したら，分析（A）のメニューから
次のように選択します．

手順 2 因子分析の画面になったら，| すっきり | から | 開放的 | まで，すべての変数を
| 変数(V) | のワクへ移動して，| 因子抽出(E) | をクリック．

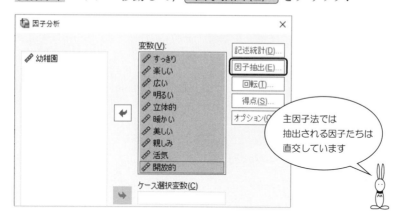

手順 3 因子抽出の画面になったら

　　　　　主因子法　を選択して，| 分析 | は

　　　　　○ | 分散共分散行列(V) |

をチェック．そして，| 続行 | ．

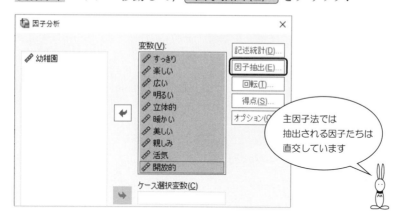

手順④ 次の画面にもどったら, 回転(T) をクリック.

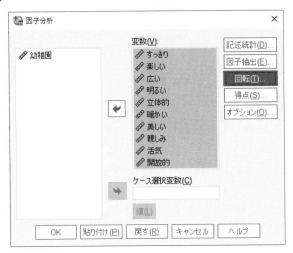

手順⑤ 回転の画面になったら

○ バリマックス(V)

をチェックして, 続行 .

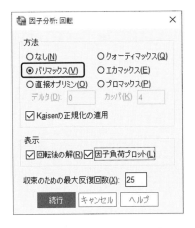

正確には
直交変換
です

バリマックスは
直交回転です

手順 6 次の画面にもどったら，[記述統計(D)] をクリック．

手順 7 記述統計の画面になったら，

☐ KMOとBartlettの球面性検定(K)

をチェックして，[続行]．

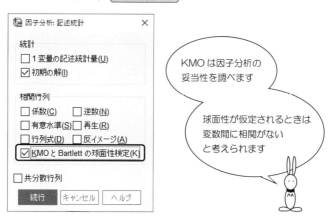

KMO は因子分析の
妥当性を調べます

球面性が仮定されるときは
変数間に相関がない
と考えられます

手順 8 次の画面にもどったら， 得点(S) をクリック．

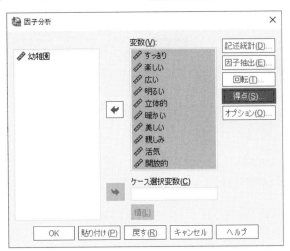

手順 9 因子得点の画面になったら，

　　　　　□ 変数として保存(S)

をチェックして， 続行 ．

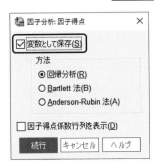

手順⑩ 次の画面にもどったら，オプション(O) をクリック.

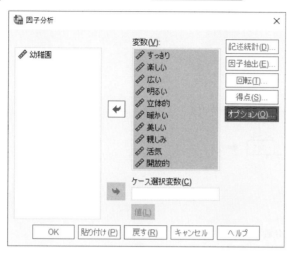

手順⑪ オプションの画面になったら

□ サイズによる並び替え(S)

をチェックして，続行.

手順 10 の画面にもどったら，あとは OK.

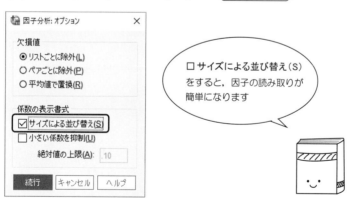

□サイズによる並び替え(S)
をすると，因子の読み取りが
簡単になります

因子分析

KMO および Bartlett の検定[a]

Kaiser-Meyer-Olkin の標本妥当性の測度		.679	← ①
Bartlett の球面性検定	近似カイ 2 乗	77.881
	自由度	45
	有意確率	.002	← ②

a. 相関に基づく

説明された分散の合計

	因子	初期の固有値[a] 合計	初期の固有値[a] 分散の %	抽出後の負荷量平方和 合計	抽出後の負荷量平方和 分散の %	回転後の負荷量平方和 合計	回転後の負荷量平方和 分散の %	
元データ	1	.989	51.558	.925	48.217	.867	45.197	
	2	.241	12.557	.183	9.561	.196	10.243	
	3	.202	10.544	.131	6.842	.176	9.179	
	4	.142	7.418					
	5	.106	5.510					
	6	.075	3.900					
再調整	1	.989	51.558	3.587	35.874	3.228	32.278	← ③
	2	.241	12.557	1.119	11.187	1.336	13.359	
	3	.202	10.544	.947	9.471	1.090	10.895	
	4	.142	7.418					
	5	.106	5.510					
	6	.075	3.900					

因子抽出法: 主因子法

a. 共分散行列を分析する場合、初期の固有値は行の横列および再調整された解と同じです。

相関係数 = 0 ⇔ 共分散 = 0

【出力結果の読み取り方・その1】——因子分析

←① カイザー・マイヤー・オルキンの妥当性の測度です.

この値が 0.5 以下だと，因子分析をする妥当性がないといわれています.

このデータの場合，妥当性＝ 0.679 なので，

因子分析をすることに意味があります.

←② バートレットの球面性の検定です.

仮説 H_0：相関行列は単位行列である

対立仮説 H_1：相関行列は単位行列ではない

有意確率 0.002 ＜有意水準 0.05

なので，仮説 H_0 は棄却されます.

したがって，変数間に相関があるので，

共通因子を抽出することに意味があります.

←③ 第1因子の情報量は 32.278％

第2因子の情報量は 13.359％

【SPSSによる出力・その2】——因子分析

因子行列[a]

	元データ 因子			再調整 因子		
	1	2	3	1	2	3
楽しい	.523	-.164	.056	.897	-.281	.097
暖かい	.470	-.074	-.067	.842	-.132	-.120
親しみ	.465	.078	-.033	.834	.140	-.059
活気	.283	.215	.093	.717	.546	.235
明るい	.288	-.037	-.122	.674	-.086	-.285
美しい	.118	.252	-.145	.295	.629	-.363
すっきり	.031	-.091	-.014	.107	-.318	-.048
開放的	.140	-.058	.194	.427	-.179	.592
立体的	.003	-.089	-.151	.008	-.238	-.405
広い	.129	.120	.131	.361	.336	.368

← ④

因子抽出法: 主因子法

a. 3個の因子が抽出されました。12回の反復が必要です。

回転後の因子行列[a]

	元データ 因子			再調整 因子		
	1	2	3	1	2	3
楽しい	.521	.119	-.137	.892	.205	-.234
暖かい	.479	.036	-.004	.858	.065	-.008
親しみ	.440	.128	.115	.789	.229	.206
明るい	.309	-.044	.041	.723	-.104	.096
活気	.214	.246	.168	.544	.623	.427
広い	.075	.199	.056	.211	.556	.157
開放的	.104	.181	-.130	.318	.552	-.397
立体的	.050	-.168	-.011	.135	-.449	-.029
美しい	.099	.011	.298	.248	.027	.743
すっきり	.049	-.042	-.073	.170	-.147	-.255

← ⑤

因子抽出法: 主因子法

回転法: Kaiser の正規化を伴うバリマックス法

a. 4回の反復で回転が収束しました。

因子負荷の絶対値が
大きい変数に
注目しましょう

【出力結果の読み取り方・その2】——因子分析

←④　バリマックス回転前の因子負荷（量）です.

←⑤　バリマックス回転後の因子負荷（量）です.
　　再調整のところを見ると……

● 第1因子は,

　　楽しい, 暖かい, 親しみ, 明るい

といった変数の因子負荷（量）の絶対値が大きいので

　　　　第1因子＝ "好感因子"

と命名することができます.

好感因子

マイナス　　　　　　　　　　　　　　プラス

好感的でない　　　　　　0　　　　好感的である

● 第2因子は

　　活気, 広い, 開放的

といった変数の因子負荷（量）の
絶対値が大きいので

　　　　第2因子＝ "活動因子"

と命名することができます.

活動因子

マイナス　　　　　　　　　　　　　　プラス

非活動的　　　　　　　0　　　　　活動的

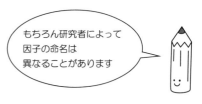

もちろん研究者によって
因子の命名は
異なることがあります

【SPSS による出力・その3】——因子分析

	美しい	親しみ	活気	開放的	FAC1_1	FAC2_1	FAC3_1
1	.0	1.0	.2	-.4	1.116	.230	.666
2	-.8	.2	.4	-.4	.102	1.456	.135
3	-.8	-.2	-1.0	-1.2	-1.450	-1.329	-.085
4	.0	-.6	-.6	-.8	-.951	-1.043	.970
5	.2	1.8	.6	-.6	1.984	.424	1.722
6	-.4	-.2	-.6	-.2	-.465	-.177	-.583
7	-1.2	.4	-.4	.0	.709	-.283	-1.784
8	-.8	.8	-.4	-.2	.595	-.396	-.852
9	-.2	.6	.2	-.4	-.832	1.101	1.065
10	-.8	.6	-.4	-.4	.961	-.629	-1.360
11	-1.0	.4	-.4	.0	.236	.424	-1.400
12	-.4	.0	-.4	-.6	-.063	-.324	-.107
13	-.2	.6	.2	-.2	.696	.903	.135
14	-.6	.2	-.2	.0	-.959	1.555	-.505
15	-.2	.8	-.2	-.4	.456	-.332	.325
16	.0	.8	.0	-.2	1.241	-.356	.395
17	-.8	-.6	-.6	-.8	-1.342	-.615	.009
18	-.8	.4	-.4	-.6	-.688	-.663	.086
19	.0	.4	-.4	-.8	-.349	-1.128	.772
20	-.4	.2	.0	.0	-.995	1.184	.396
21							

⑥　　　　　⑦　　　　　⑧

【出力結果の読み取り方・その3】——因子分析

←⑥　第1因子得点

←⑦　第2因子得点

←⑧　第3因子得点

因子得点が求まったら
第1因子得点を横軸に
第2因子得点を縦軸にとり

20の対象空間を平面上に
描いてみましょう
☞ p.176

7.3 因子得点による対象空間の表現

手順 1 因子得点が決まったら，グラフ(G) のメニューから次のように選択します.

| ファイル(F) | 編集(E) | 表示(V) | データ(D) | 変換(T) | 分析(A) | グラフ(G) | ユーティリティ(U) | 拡張機能(X) | ウィンドウ(W) | ヘルプ(H) |

| | 📊 図表ビルダー(C)... | | | | | | | | Q 検索アプリケーシ |

| | | | | | | 📊 グラフボード テンプレート選択(G)... | | |

| | | | | | | 📊 関係マップ(R)... | | | | 表示: 14 個 |

	🖉 広い	🖉 明るい	🖉 立体的	🖉 暖かい	🖉 美しい	🖉 親しみ			🖉 FAC2_1	🖉 FAC3_1
1	-.8	.8	-1.6	.8	.0	1.0	📊 ワイブル プロット...		.230	.666
2	-.6	.2	-1.4	.6	-.8	.2	📊 サブグループの比較		1.456	.135
3	-1.4	-.2	-1.6	-.4	-.8	-.2	📊 回帰変数プロット		-1.329	-.085
4	-1.0	.6	-1.2	.0	.0	-.6			-1.043	.970
5	-.4	1.2	-1.4	1.6	.2	1.8	📊 棒(B)...		.424	1.722
	-1.2	.0			-.4					-.583
14			-1.8	.0		.2			1.555	
15	-.8	.2	-1.2	1.2	-.2	.8	📊 エラー バー(O)...		-.332	.325
16	-1.2	1.0	-1.0	1.0	.0	.8	📊 人 口ピラミッド(Y)...		-.356	.395
17	-1.2	.0	-1.6	.2	-.8	-.6	📊 散布図/ドット(S)...		-.615	.009
18	-1.2	.4	-.6	-.2	-.8	.4	📊 ヒストグラム(I)...		-.663	.086
19	-1.2	.0	-.8	.0	.0	.4			-1.128	.772
20	-.8	.0	-1.4	.0	-.4	.2	.0	.0	-.995	1.184	.396
21										

手順 2 次の散布図／ドットの画面になったら

　　　　　　単純な散布図

を選択して，定義(F) をクリック.

176　第7章　SD法

手順③ 次の画面になったら，第1因子得点を X軸(X) に，第2因子得点を Y軸(Y) に，幼稚園を ケースのラベル(C) に移動して，

オプション(O) をクリック.

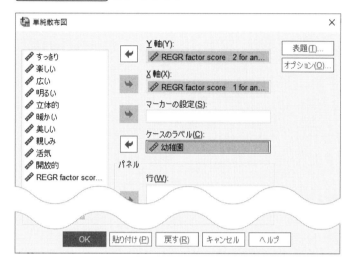

手順④ オプションの画面になったら，□ 図表にケースラベルを表示(S) をチェックして， 続行 ． 手順3の画面にもどったら， OK ．

【SPSS による出力・その4】——散布図

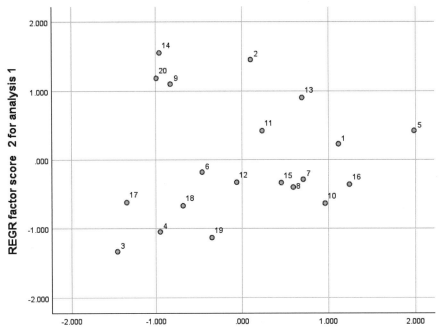

【出力結果の読み取り方・その4】——散布図

←① 第1因子得点，第2因子得点による散布図です．

20の幼稚園を2次元の意味空間上に表現することができます．

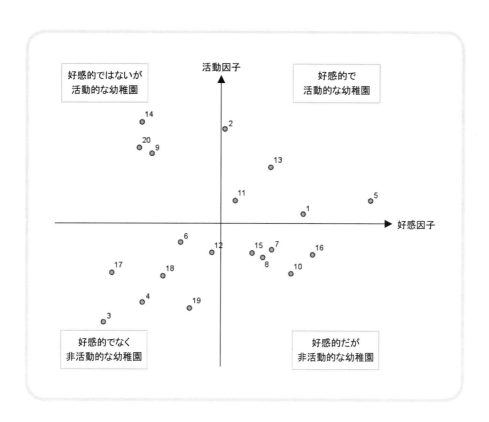

第*8*章 カテゴリカル主成分分析
──◉総合的指標を利用して分類する

8.1 カテゴリカル主成分分析とは？

カテゴリカル主成分分析をパス図で表現すると
次のようになります.

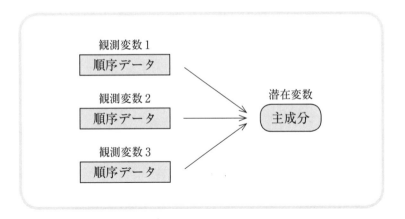

主成分分析と
どこが違うの？

観測変数が
数値データではなく
順序データです

このとき，順序データをそのまま分析するのではなく

　　　　　　最適尺度法

を利用して，

順序データ（カテゴリ）を，次のように 数量化 します．

睡眠不足[a,b]

カテゴリ	度数	数量化
1	17	-1.050
2	19	.087
3	6	1.384
4	4	1.976

変数主成分の正規化

　a. 最適尺度水準: スプライン順序 (次数 2、内側
　　 ノット 2 個)。

疲労感[a,b]

カテゴリ	度数	数量化
1	19	-.911
2	16	-.023
3	5	1.160
4	6	1.979

変数主成分の正規化

　a. 最適尺度水準: スプライン順序 (次数 2、内側
　　 ノット 2 個)。

したがって，カテゴリカル主成分分析は

　　"順序データを数量化した主成分分析"

と考えることができます．

【研究目的】

　次の表は，介護をかかえている人に対しておこなわれた
アンケート調査票です.

【　　介護に関するアンケート調査票　　】

項目1.　あなたは介護のため睡眠不足になりますか？　　　　　　　　　　　　【睡眠不足】

　　　　　いいえ　←──　　　　　　　　　　　　　　　　──→　はい

　　　　　　1·············2·············3·············4

項目2.　あなたは食欲がないと思う時がありますか？　　　　　　　　　　　　【食欲不振】

　　　　　いいえ　←──　　　　　　　　　　　　　　　　──→　はい

　　　　　　1·············2·············3·············4

項目3.　あなたは介護で疲労がたまっていると思いますか？　　　　　　　　　【疲労感】

　　　　　いいえ　←──　　　　　　　　　　　　　　　　──→　はい

　　　　　　1·············2·············3·············4

項目4.　あなたは介護のとき苛立ちを感じることがありますか？　　　　　　　【苛立ち】

　　　　　いいえ　←──　　　　　　　　　　　　　　　　──→　はい

　　　　　　1·············2·············3·············4

項目5.　あなたは介護のあと無気力になることがありますか？　　　　　　　　【無気力】

　　　　　いいえ　←──　　　　　　　　　　　　　　　　──→　はい

　　　　　　1·············2·············3·············4

項目6.　あなたには介護のことで相談できる人がいますか？　　　　　　　　　【相談相手】

　　　　　いいえ　←──　　　　　　　　　　　　　　　　──→　はい

　　　　　　1·············2·············3·············4

項目7.　あなたのお仕事は充実していると思いますか？　　　　　　　　　　　【仕事】

　　　　　いいえ　←──　　　　　　　　　　　　　　　　──→　はい

　　　　　　1·············2·············3·············4

この調査結果をもとに，カテゴリカル主成分分析をおこない

　　"7つの質問項目をまとめた総合的指標"

を抽出します.

【統計処理の流れ】

統計処理 1

　　変数が順序データなので，

　　カテゴリカル主成分分析をおこなう　　☞ p. 187

統計処理 2

　　抽出された主成分の意味づけをする　　☞ p. 195
　　　　　　　　↑
　　　　　　総合的指標

統計処理 3

　　第1主成分を横軸に，第2主成分を縦軸にとり

　　調査対象者の位置を平面上に展開する.　　☞ p. 196

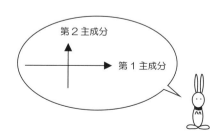

【データ入力の型】

アンケートの調査結果を，次のように入力します．

データは
HPから
ダウンロード
できます

表8.1

	調査回答者	睡眠不足	疲労感	食欲不振	相談相手	仕事	苛立ち	無気力
1	1	1	2	1	4	1	2	2
2	2	3	3	2	2	2	2	3
3	3	2	2	1	1	2	1	2
4	4	3	2	2	2	3	3	2
5	5	2	1	1	2	1	2	1
6	6	3	3	3	3	2	3	3
7	7	2	1	1	2	1	2	1
8	8	2	2	2	2	1	3	2
9	9	3	3	3	3	2	2	4
10	10	1	1	1	1	1	1	1
11	11	1	1	1	2	3	2	2
12	12	1	1	1	2	2	2	2
13	13	3	4	3	3	2	2	2
14	14	2	2	2	2	3	1	1
15	15	2	1	1	1	2	1	1
16	16	1	1	1	2	1	2	2
17	17	2	2	2	4	1	2	2
18	18	2	2	1	1	1	3	3
19	19	1	1	1	2	2	1	2
20	20	2	1	1	2	1	3	2
21	21	3	4	3	2	2	4	3
22	22	1	1	1	1	2	1	1
23	23	2	1	1	1	2	2	2
24	24	4	4	4	2	4	3	4
25	25	2	2	2	2	2	1	2
26	26	1	1	1	2	1	3	2
27	27	2	4	4	3	4	3	4
28	28	1	1	1	1	2	1	1
29	29	2	2	2	2	2	1	1
30	30	2	2	2	2	2	1	1

	調査回答者	睡眠不足	疲労感	食欲不振	相談相手	仕事	苛立ち	無気力
31	31	4	1	1	2	3	2	4
32	32	4	4	4	4	1	1	1
33	33	2	3	1	2	1	3	2
34	34	4	3	2	2	3	4	2
35	35	1	1	1	1	4	1	1
36	36	2	4	2	2	2	1	4
37	37	2	2	2	2	2	2	2
38	38	1	2	1	3	2	2	3
39	39	1	1	1	1	2	1	1
40	40	1	1	2	2	1	3	3
41	41	2	2	2	2	2	1	1
42	42	1	1	1	4	1	2	2
43	43	1	2	1	2	3	3	4
44	44	1	2	1	2	3	3	2
45	45	1	1	1	1	3	1	1
46	46	2	2	2	2	3	3	3

8.2 カテゴリカル主成分分析の手順

手順 ① データを入力したら，分析（A）のメニューから

次のように選択します.

| ファイル(F) | 編集(E) | 表示(V) | データ(D) | 変換(T) | 分析(A) | グラフ(G) | ユーティリティ(U) | 拡張機能(X) | ウィンドウ(W) | ヘルプ |

		調査回答者	睡眠不足	疲労感	食欲不		検定力分析(W)	>			無気力	var	var	
						メタ分析	>					
1	1	1	2		報告書(P)	>		2		
2	2	3	3		記述統計(E)	>		3		
3	3	2	2		ベイズ統計(Y)	>		2		
4	4	3	2		テーブル(B)	>		2		
5	5	2	1		平均値と比率の比較	>		1		
6	6	3	3		一般線型モデル(G)	>		3		
7	7	2	1		一般化線型モデル(Z)	>		1		
8	8	2	2		混合モデル(X)	>		2		
9	9	3	3		相関(C)	>		4		
10	10	1	1		回帰(R)	>		2		
11	11	2	1		対数線型(O)	>		2		
12	12	1	1		ニューラル ネットワーク	>		2		
13	13	3	4		分類(F)	>		2		
14	14	2	2		次元分解(D)	>	因子分析(F)...	1		
15	15	2	1							
16	16	1	1		尺度(A)	>	コレスポンデンス分析(C)...			
17	17	2	2		ノンパラメトリック検定(N)	>	最適尺度法(O)...			
18	18	2	2		時系列(T)	>				
19	19	1	1		生存分析(S)	>		2		
20	20	2	1					2		
21	21	3	4		多重回答(U)	>		3		
22	22	1	1		欠損値分析(V)...			1		
23	23	2	1		多重代入(I)	>		2		
24	24	4	4		コンプレックス サンプル(L)	>		4		
25	25	2	2					2		
26	26	1	1		シミュレーション...			2		
27	27	2	4		品質管理(Q)	>		4		
28	28	1	1		空間および時間モデリング...	>		1		
29	29	2	2		ダイレクト マーケティング(K)	>		1		
30	30	2	2					1		
31	31	4	1		IBM SPSS Amos 29			1		
32	32	4	4					1		
33	33	2	3			1	3	2		

概要　データ ビュー　変数 ビュー

手順② 最適尺度法の画面になったら，次のようにチェックすると，

カテゴリ主成分分析 になります．

そして， 定義(F) をクリック．

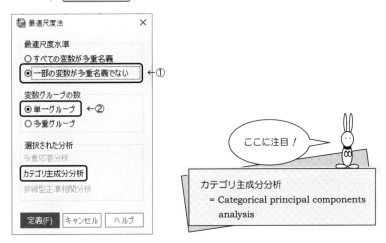

手順③ 次の画面になったら，睡眠不足 から 無気力 までを

分析変数 に移動して， 出力(T) をクリック．

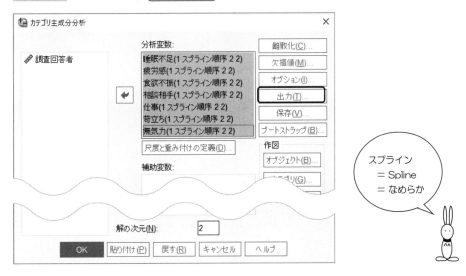

手順④ 出力の画面になったら，次のように

      ☐ オブジェクトスコア

      ☐ 成分負荷

        ☐ サイズによる並び替え(S)

をチェックして，｜ 続行 ｜.

手順 3 の画面にもどったら，｜ オプション(I) ｜ をクリック．

手順⑤ オプション の画面になったら

○ バリマックス

を選択して， 続行 ．

手順3 の画面にもどったら，作図の オブジェクト（B） をクリック．

バリマックス回転は
直交回転です

回転
○ なし
として，主成分の読み取り
がうまくできないときは
バリマックス回転
をしてみよう！

手順 6 作図 の画面になったら，

　　　　　□ **オブジェクトポイント**

をチェックして，　続行　.

手順3の画面にもどったら，あとは　OK　.

手順3の画面で
　調査回答者 を **ラベルつけ変数**(L)
に移動しておくと便利です

最適尺度水準を変更するには……

　手順3では（スプライン順序）のまま進めましたが，
尺度を（順序）に変えたいときは，次の手順で変更します.

1. 尺度と重み付けの定義(D) をクリックします.

2. 次の画面になったら
　　 順序 を選択して,
　　 続行 . すると……

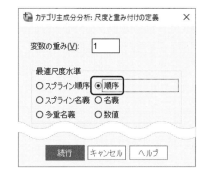

3. 分析変数 のワクの中が，次のようになります.

【SPSS による出力・その 1】——カテゴリカル主成分分析

CATPCA —カテゴリデータの主成分分析

モデルの要約

次元	Cronbach の アルファ	説明された分散	
		合計 (固有値)	分散の %
1	.800	3.180	45.434
2	.513	1.783	25.476
総計	.932[a]	4.964	70.909

a. Cronbach のアルファ合計は、固有値合計に基づいています。

Model Summary Rotation[a]

次元	Cronbach の アルファ	説明された分散	
		合計 (固有値)	分散の %
1	.764	2.743	39.181
2	.683	2.221	31.728	← ①
総計	.932[b]	4.964	70.909

a. 回転法: Kaiser の正規化を伴うバリマックス法

b. Cronbach のアルファ合計は、固有値合計に基づいています。

②

【出力結果の読み取り方・その1】——カテゴリカル主成分分析

←① 第1主成分は　$39.181\% = \dfrac{2.743}{7} \times 100$　の情報量をもっています.

第2主成分は　$31.728\% = \dfrac{2.221}{7} \times 100$　の情報量をもっています.

合計で　$70.909\% = \dfrac{4.964}{7} \times 100$　の情報量をもっているので

第2主成分まで取り上げて分析をします.

←② クロンバックのアルファは $\boxed{1}$ に近いほど信頼性が高いことを表しています.
したがって, 第2主成分まで使えば, 信頼性は十分あると考えられます.

【SPSS による出力・その2】 ──カテゴリカル主成分分析

成分負荷

	次元 1	2
疲労感	.864	-.310
食欲不振	.841	-.407
睡眠不足	.755	-.292
相談相手	.732	.329	← ③
苛立ち	.495	.740
無気力	.570	.635
仕事	.225	-.614

変数主成分の正規化

Rotated Component Loadings[a]

	次元 1	2
食欲不振	.925	.133
疲労感	.890	.227
睡眠不足	.789	.180
仕事	.531	-.383	← ④
苛立ち	-.004	.890
無気力	.117	.845
相談相手	.422	.683

変数主成分の正規化

a. 回転法: Kaiser の正規化を伴うバリマックス法3回の反復で回転が収束しました。

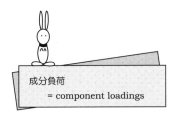

成分負荷
= component loadings

【出力結果の読み取り方・その2】——カテゴリカル主成分分析

←③　バリマックス回転前の主成分です.

←④　バリマックス回転後の主成分です.
　　　●第1主成分は,

　　　　　| 食欲不振 |,　| 疲労感 |,　| 睡眠不足 |

　　の値が大きいので

　　　　　"身体的ストレス"

　　と解釈できます.

　　　●第2主成分は

　　　　　| 苛立ち |,　| 無気力 |,　| 相談相手 |

　　の値が大きいので

　　　　　"精神的ストレス"

　　と解釈できます.

主成分の名前の付け方は
研究者に任されています

【SPSS による出力・その3】——カテゴリカル主成分分析

オブジェクト ポイント (ラベル:ケース番号)

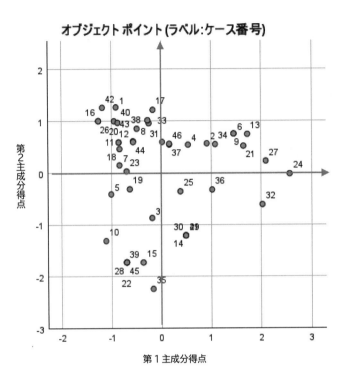

第1主成分得点

オブジェクト スコア[a]

ケース番号	次元 1	次元 2
1	-.909	1.268
2	.917	.567
3	-.196	-.869
4	.538	.542
5	-1.012	-.411
6	1.459	.753
7	-.839	.147
8	-.258	.959
9	1.459	.754
10	-1.123	-1.313
11	-.854	.590
12	-.854	.590
13	1.726	.745
14	.490	-1.211
15	-.373	-1.729
16	-1.276	1.003
17	-.178	1.217
18	-.837	.463
19	-.637	-.314
20	-.948	1.000
21	1.649	.518
22	-.701	-1.725
23	-.699	.029
24	2.564	-.021
25	.381	-.359
26	-1.276	1.003
27	2.094	.226
28	-.701	-1.725
29	.490	-1.211
30	.490	-1.211

	次元 1	次元 2
31	.017	.598
32	2.025	-.612
33	-.281	1.016
34	1.090	.550
35	-.177	-2.237
36	1.025	-.327
37	.164	.546
38	-.494	.854
39	-.701	-1.725
40	-.874	.970
41	.490	-1.211
42	-1.196	1.261
43	-.569	.613
44	-.567	.598
45	-.701	-1.725
46	.162	.561

変数主成分の正規化

a. 回転法: Kaiser の正規化を伴うバリマックス法

オブジェクトスコアは
主成分得点を標準化
しています

第9章 カテゴリカル回帰分析
──●影響を与える要因を調べる

9.1 カテゴリカル回帰分析とは？

カテゴリカル回帰分析をパス図で表現すると
次のようになります.

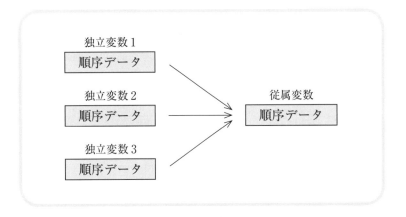

このとき，順序データをそのまま分析するのではなく

　　　　　最適尺度法

を利用して，

順序データ（カテゴリ）を，次のように 数量化 します．

仕事の内容[a]

カテゴリ	度数	数量化
1	5	-1.688
2	8	-.625
3	10	.503
4	7	1.201

a. 最適尺度水準\: スプライン順
序 (次数 2、内側ノット 2 個)。

仕事の時間[a]

カテゴリ	度数	数量化
1	4	-2.070
2	6	-.062
3	13	-.062
4	7	1.352

a. 最適尺度水準\: スプライン順
序 (次数 2、内側ノット 2 個)。

したがって，カテゴリカル回帰分析は

　　　"順序データを数量化した回帰分析"

と考えることができます．

【研究目的】

次の表は，医療従事者に対しておこなわれた
アンケート調査票です．

【　　ストレスに関するアンケート調査票　　】

項目 1.　あなたは近頃ストレスを感じていますか？　　　　　　　　【ストレス】

　　　　　いいえ　←──　　　　　　　　　　　　　　　　　──→　はい

　　　　　1‥‥‥‥‥‥‥‥‥‥2‥‥‥‥‥‥‥‥‥‥3‥‥‥‥‥‥‥‥‥‥4

項目 2.　あなたは仕事の内容についてストレスがありますか？　　【仕事の内容】

　　　　　いいえ　←──　　　　　　　　　　　　　　　　　──→　はい

　　　　　1‥‥‥‥‥‥‥‥‥‥2‥‥‥‥‥‥‥‥‥‥3‥‥‥‥‥‥‥‥‥‥4

項目 3.　あなたは仕事の時間についてストレスがありますか？　　【仕事の時間】

　　　　　いいえ　←──　　　　　　　　　　　　　　　　　──→　はい

　　　　　1‥‥‥‥‥‥‥‥‥‥2‥‥‥‥‥‥‥‥‥‥3‥‥‥‥‥‥‥‥‥‥4

項目 4.　あなたは患者さんとの関係についてストレスを感じますか？　【患者対応】

　　　　　いいえ　←──　　　　　　　　　　　　　　　　　──→　はい

　　　　　1‥‥‥‥‥‥‥‥‥‥2‥‥‥‥‥‥‥‥‥‥3‥‥‥‥‥‥‥‥‥‥4

項目 5.　あなたは同僚との関係についてストレスを感じますか？　　【人間関係】

　　　　　いいえ　←──　　　　　　　　　　　　　　　　　──→　はい

　　　　　1‥‥‥‥‥‥‥‥‥‥2‥‥‥‥‥‥‥‥‥‥3‥‥‥‥‥‥‥‥‥‥4

項目 6.　あなたには悩みを相談したいと思う人はいますか？　　　【相談相手】

　　　　　いいえ　←──　　　　　　　　　　　　　　　　　──→　はい

　　　　　1‥‥‥‥‥‥‥‥‥‥2‥‥‥‥‥‥‥‥‥‥3‥‥‥‥‥‥‥‥‥‥4

このアンケート調査結果をもとに，カテゴリカル回帰分析をおこない
ストレス に影響を与える項目は何か調べます．

【統計処理の流れ】

統計処理 1

　　独立変数が順序データになっているので

　　カテゴリカル回帰分析をおこなう． ☞ p. 205

統計処理 2

　　偏回帰係数の有意確率と有意水準 0.05 を比較し

　　どの独立変数が ストレス に影響を与えているか調べる． ☞ p. 213

有意確率 ◻ ≦有意水準 0.05
のとき，その独立変数は
ストレス に影響を与えています

【データ入力の型】

アンケートの調査結果を，次のように入力します．

表 9.1

	調査回答者	ストレス	仕事の内容	仕事の時間	患者対応	人間関係	相談相手
1	1	3	4	3	3	2	2
2	2	3	3	1	2	4	4
3	3	3	3	3	3	2	2
4	4	1	2	1	4	1	4
5	5	2	2	4	1	2	3
6	6	2	2	4	3	1	2
7	7	1	1	3	1	2	3
8	8	4	3	4	4	3	1
9	9	4	4	4	2	4	2
10	10	3	1	3	3	3	2
11	11	2	2	2	1	2	3
12	12	3	2	3	2	3	3
13	13	4	4	1	2	3	3
14	14	4	4	3	3	4	2
15	15	1	1	1	3	2	1
16	16	3	3	4	2	3	1
17	17	2	1	2	2	2	4
18	18	4	4	3	4	3	4
19	19	1	2	2	1	1	3
20	20	2	1	2	3	2	4
21	21	2	2	3	3	3	2
22	22	3	3	2	2	2	2
23	23	3	4	3	3	3	2
24	24	4	4	3	2	4	1
25	25	4	3	4	2	3	3
26	26	2	3	2	1	3	4
27	27	3	3	3	2	3	2
28	28	3	2	3	4	3	3
29	29	4	3	3	4	4	4
30	30	4	3	4	4	3	1

左ページのデータを使って，重回帰分析をしてみると
次のような出力結果になります．

分散分析[a]

モデル		平方和	自由度	平均平方	F 値	有意確率
1	回帰	25.091	5	5.018	21.095	<.001[b]
	残差	5.709	24	.238		
	合計	30.800	29			

a. 従属変数 ストレス
b. 予測値: (定数)、[%1:、相談相手:

係数[a]

モデル		非標準化係数		標準化係数	t 値	有意確率
		B	標準誤差	ベータ		
1	(定数)	-.982	.572		-1.716	.099
	仕事の内容	.423	.106	.424	3.981	<.001
	仕事の時間	.238	.106	.224	2.236	.035
	患者対応	.205	.092	.200	2.238	.035
	人間関係	.530	.123	.455	4.299	<.001
	相談相手	.031	.099	.031	.311	.759

a. 従属変数 ストレス

> カテゴリカル回帰分析の
> 出力結果と比べてみよう！
> ☞ p.212

9.2 カテゴリカル回帰分析の手順

手順 1 データを入力したら，分析(A) のメニューから
次のように選択します．

ファイル(E)	編集(E)	表示(V)	データ(D)	変換(T)	分析(A)	グラフ(G)	ユーティリティ(U)	拡張機能(X)	ウィンドウ(W)	ヘルプ(H)

検定力分析(W) ▶

メタ分析 ▶

🔍検索アプリケーショ

報告書(P) ▶

記述統計(E) ▶

	🦺調査回答者	📊ストレス	📊仕事の内容	📊仕事の			相談相手	var	var	var
					ベイズ統計(Y) ▶					
1	1	3	4				2			
2	2	3	3		テーブル(B) ▶		4			
3	3	3	3		平均値と比率の比較 ▶		2			
4	4	1	2				4			
5	5	2	2		一般線型モデル(G) ▶		3			
6	6	2	2		一般化線型モデル(Z) ▶		2			
7	7	1	1				3			
8	8	4	3		混合モデル(X) ▶		1			
9	9	4	4		相関(C) ▶		2			
10	10	3	1		回帰(R) ▶		自動線型モデリング…(A)			
11	11	2	2							
12	12	3	2		対数線型(O) ▶		線形 OLS 代替 ▶			
13	13	4	3		ニューラル ネットワーク ▶		📊線型(L)...			
14	14	4	4		分類(F) ▶					
15	15	1	1		次元分解(D) ▶		📊曲線推定(C)...			
16	16	3	3				📊偏相関最小2乗法(S)...			
17	17	2	1		尺度(A) ▶					
18	18	4	3		ノンパラメトリック検定(N) ▶		📊二項ロジスティック(G)...			
19	19	1	2		時系列(T) ▶		📊多項ロジスティック(M)...			
20	20	2	1		生存分析(S) ▶		📊順序(D)...			
21	21	2	2							
22	22	3	3		多重回答(U) ▶		📊プロビット(P)...			
23	23	3	4		欠損値分析(V)...		📊非線型(N)...			
24	24	4	4		多重代入(I) ▶		📊重み付け推定(W)...			
25	25	4	3							
26	26	2	3		コンプレックス サンプル(L) ▶		📊2段階最小2乗(2)...			
27	27	3	3		📊シミュレーション...		📊4分位(Q)...			
28	28	3	2		品質管理(Q) ▶		📊最適尺度法 (CATREG)(O)...			
29	29	4	3		空間および時間モデリング... ▶		📊カーネル Ridge(K)...			
30	30	4	3		ダイレクト マーケティング(K) ▶					
31										
32					IBM SPSS Amos 29					
33										

手順 2 カテゴリ回帰 の画面になったら，

ストレスを 従属変数(D) へ移動．

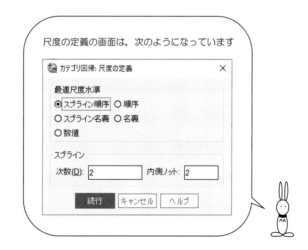

尺度の定義の画面は，次のようになっています

手順 3 続いて，仕事の内容 から 相談相手 までを

独立変数 に移動します．

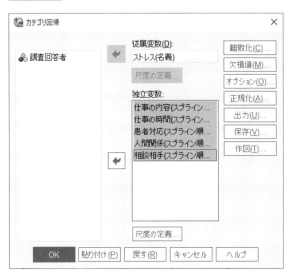

手順 4 次に オプション(O) をクリックします．

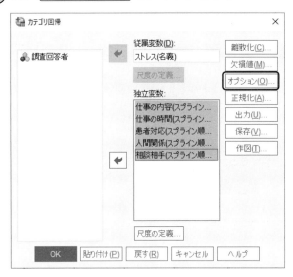

手順 5 オプション の画面になったら，

このまま 続行 ．ただし，

名義変数があるときは，初期布置 のところを

○ ランダム(D)

にします．

手順 4 の画面にもどったら， 出力(U) をクリックします．

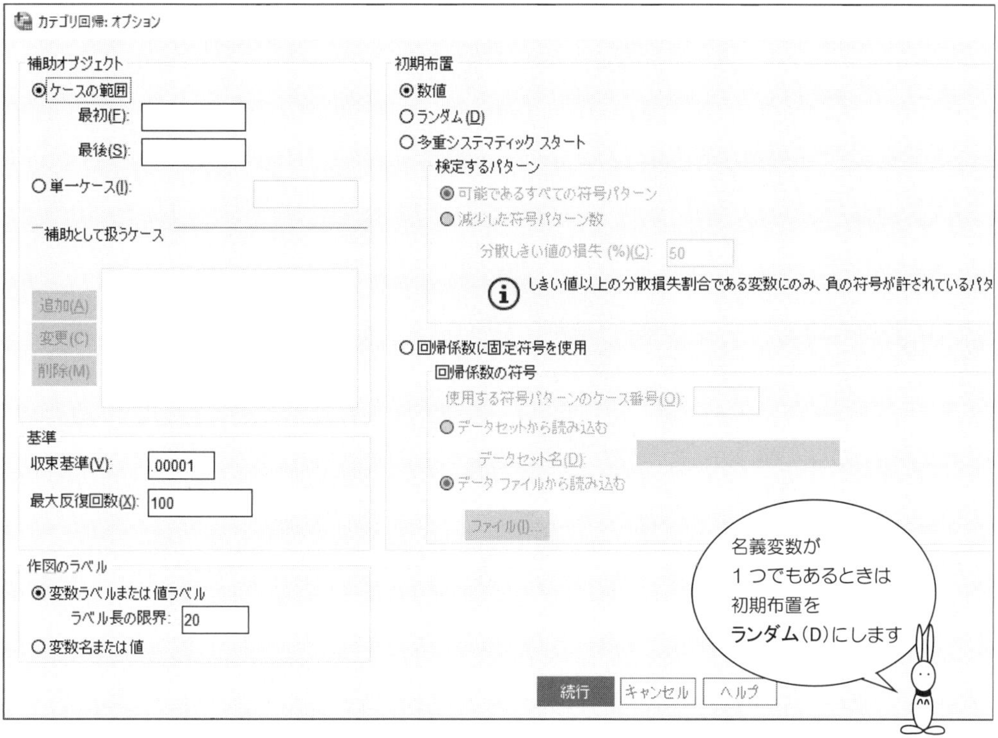

名義変数が
1つでもあるときは
初期布置を
ランダム(D)にします

手順 6 出力 の画面になったら，分析変数(A) の中の

すべての変数を

カテゴリ数量化(T)

に移動して，　続行　．

手順4の画面にもどったら，　保存(V)　をクリック．

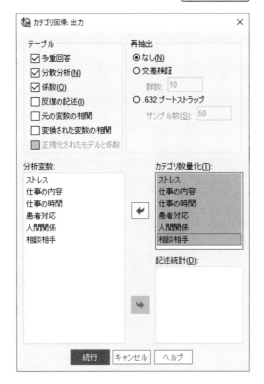

数量化されたカテゴリの値
を求めることができます

手順 7 保存の画面になったら，

☐ 推定値をアクティブなデータセットに保存

をクリックして，[続行].

手順 4 の画面にもどったら，あとは [OK].

カテゴリカル回帰式の
予測値を求めることができます

アクティブな… は
今，使用中の…
という意味です

【SPSS による出力・その 1】——カテゴリカル回帰分析

モデルの要約

多重 R	R2 乗	調整済み R2 乗	見かけ上の予測誤差
.945	.893	.807	.107	← ①

従属変数 ストレス
予測: 仕事の内容 仕事の時間 患者対応 人間関係 相談相手

分散分析

	平方和	自由度	平均平方	F 値	有意確率
回帰	26.802	13	2.062	10.316	<.001	← ②
残差	3.198	16	.200		
総計	30.000	29			

従属変数 ストレス
予測: 仕事の内容 仕事の時間 患者対応 人間関係 相談相手

【出力結果の読み取り方・その1】——カテゴリカル回帰分析

←① R2乗は決定係数のことです.

  R2乗 $\boxed{0.893}$ は $\boxed{1}$ に近いので,

    "カテゴリカル回帰式の当てはまりが良い"

  と考えられます.

ここは
重回帰分析と
同じだね

←② 分散分析表の仮説

    仮説 H_0：求めたカテゴリカル回帰式は予測に役立たない

    対立仮説 H_1：求めたカテゴリカル回帰式は予測に役立つ

    有意確率 $\boxed{<0.001}$ ≦有意水準 0.05

  なので, 仮説 H_0 は棄却されます.

    したがって,

    "求めたカテゴリカル回帰式は予測に役立つ"

  と考えられます.

カテゴリカル回帰式は
p.212, 213 を見てください

よく見てね！

【SPSS による出力・その2】——カテゴリカル回帰分析

係数

| | 標準化係数 | | | | |
	ベータ	標準誤差のブートストラップ (1000) 推定値	自由度	F 値	有意確率
仕事の内容	.437	.191	4	5.241	.007
仕事の時間	.295	.237	2	1.551	.242
患者対応	.393	.183	2	4.616	.026	← ③
人間関係	.422	.190	4	4.926	.009
相談相手	.155	.214	1	.527	.478

従属変数: ストレス

相関および許容度

| | 相関 | | | | 許容度 | |
	ゼロ次	偏	部分	重要度	変換後	変換前
仕事の内容	.733	.761	.383	.358	.768	.682
仕事の時間	.318	.645	.275	.105	.869	.768
患者対応	.549	.725	.343	.242	.763	.964
人間関係	.718	.753	.373	.339	.782	.691
相談相手	-.248	.385	.136	-.043	.768	.781

従属変数: ストレス

【出力結果の読み取り方・その2】——カテゴリカル回帰分析

←③　有意確率が0.05以下の独立変数は,

　従属変数に影響を与えていると考えられます.

　　したがって, ストレス に影響を与えていると考えられる要因は

仕事の内容

患者対応

人間関係

となります.

● カテゴリカル回帰式は, 次のようになります.

ストレス ＝　0.437 ×　仕事の内容

　　　　　　＋0.295 ×　仕事の時間

　　　　　　＋0.393 ×　患者対応

　　　　　　＋0.422 ×　人間関係

　　　　　　＋0.155 ×　相談相手

【SPSS による出力・その3】——カテゴリカル回帰分析

数量化

ストレス[a]

カテゴリ	度数	数量化
1	4	-1.962
2	7	-.707
3	10	.332
4	9	1.054

a. 最適尺度水準\: スプライン順
序 (次数 2、内側ノット 2 個)。

患者対応[a]

カテゴリ	度数	数量化
1	5	-2.209
2	10	.346
3	9	.346
4	6	.744

a. 最適尺度水準\: スプライン順
序 (次数 2、内側ノット 2 個)。

仕事の内容[a]

カテゴリ	度数	数量化
1	5	-1.688
2	8	-.625
3	10	.503
4	7	1.201

a. 最適尺度水準\: スプライン順
序 (次数 2、内側ノット 2 個)。

人間関係[a]

カテゴリ	度数	数量化
1	3	-2.656
2	9	-.344
3	13	.470
4	5	.990

← ④

a. 最適尺度水準\: スプライン順
序 (次数 2、内側ノット 2 個)。

仕事の時間[a]

カテゴリ	度数	数量化
1	4	-2.070
2	6	-.062
3	13	-.062
4	7	1.352

a. 最適尺度水準\: スプライン順
序 (次数 2、内側ノット 2 個)。

相談相手[a]

カテゴリ	度数	数量化
1	5	-1.869
2	10	-.362
3	8	.827
4	7	.907

a. 最適尺度水準\: スプライン順
序 (次数 2、内側ノット 2 個)。

【出力結果の読み取り方・その3】――カテゴリカル回帰分析

← ④ カテゴリ数量化です

● ストレス の数量化

順序データ		最適尺度
1	⟶	−1.962
2	⟶	−0.707
3	⟶	0.332
4	⟶	1.054

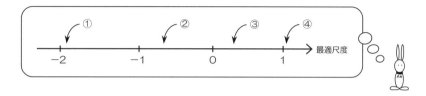

● 仕事の内容 の数量化

順序データ		最適尺度
1	⟶	−1.688
2	⟶	−0.625
3	⟶	0.503
4	⟶	1.201

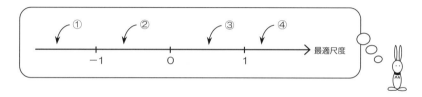

【SPSS による出力・その4】——カテゴリカル回帰分析

	調査回答者	ストレス	仕事の内容	仕事の時間	患者対応	人間関係	相談相手	PRE_1
1	1	3	4	3	3	2	2	.440
2	2	3	3	1	2	4	4	.303
3	3	3	3	3	3	2	2	.136
4	4	1	2	1	4	1	4	-1.571
5	5	2	2	4	1	2	3	-.758
6	6	2	2	4	3	1	2	-.914
7	7	1	1	3	1	2	3	-1.640
8	8	4	3	4	4	3	1	.819
9	9	4	4	4	2	4	2	1.421
10	10	3	1	3	3	3	2	-.477
11	11	2	2	2	1	2	3	-1.176
12	12	3	2	3	2	3	3	.172
13	13	4	4	1	2	3	3	.376
14	14	4	4	3	3	4	2	1.003
15	15	1	1	1	3	2	1	-1.647
16	16	3	3	4	2	3	1	.663
17	17	2	1	2	2	2	4	-.623
18	18	4	4	3	4	3	4	1.138
19	19	1	2	2	1	1	3	-2.151
20	20	2	1	2	3	2	4	-.623
21	21	2	2	3	3	3	2	-.013
22	22	3	3	2	2	2	2	.136
23	23	3	4	3	3	3	2	.784
24	24	4	4	3	2	4	1	.769
25	25	4	3	4	2	3	3	1.082
26	26	2	3	2	1	3	4	-.327
27	27	3	3	3	2	3	2	.480
28	28	3	2	3	4	3	3	.328
29	29	4	3	3	4	4	4	1.052
30	30	4	3	4	4	3	1	.819

← ⑤ (pointing to row 4, PRE_1 = -1.571)

【出力結果の読み取り方・その4】──カテゴリカル回帰分析

←⑤　カテゴリカル回帰式の予測値です

　　<u>No. 4 の場合</u>

<table>
<tr><td></td><td></td><td>順序データ</td><td></td><td>最適尺度</td></tr>
<tr><td>仕事の内容</td><td>=</td><td>2</td><td>⟶</td><td>−0.625</td></tr>
<tr><td>仕事の時間</td><td>=</td><td>1</td><td>⟶</td><td>−2.070</td></tr>
<tr><td>患者対応</td><td>=</td><td>4</td><td>⟶</td><td>0.744</td></tr>
<tr><td>人間関係</td><td>=</td><td>1</td><td>⟶</td><td>−2.656</td></tr>
<tr><td>相談相手</td><td>=</td><td>4</td><td>⟶</td><td>0.907</td></tr>
</table>

　　したがって，ストレスの予測値は

$$
\begin{aligned}
\boxed{\text{ストレス}} =~ & 0.437 \times (-0.625) \\
& + 0.295 \times (-2.070) \\
& + 0.393 \times 0.744 \\
& + 0.422 \times (-2.656) \\
& + 0.155 \times 0.907 \\
=~ & -1.571
\end{aligned}
$$

となります．

最適尺度による
予測値です

第10章

多項ロジスティック回帰分析
───●予測確率を計算する

10.1 多項ロジスティック回帰分析とは？

　ロジスティック回帰分析とは

次のようなロジスティック変換を利用した回帰分析です.

ロジスティック変換

$$y \longmapsto \log_e \frac{y}{1-y}$$

　したがって，ロジスティック回帰式は

$$\log_e \frac{y}{1-y} = b_1 \times x_1 + b_2 \times x_2 + \cdots b_p \times x_p + b_0$$

の形をしています.

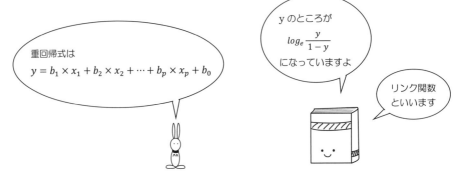

重回帰式は
$$y = b_1 \times x_1 + b_2 \times x_2 + \cdots + b_p \times x_p + b_0$$

y のところが
$$log_e \frac{y}{1-y}$$
になっていますよ

リンク関数
といいます

● ロジスティック変換のグラフは，次のようになります．

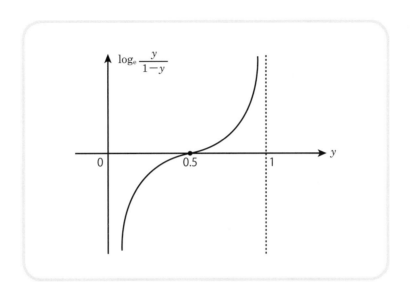

　このグラフからわかるように，曲線の動く範囲は

$$0<y<1 \quad \longrightarrow \quad -\infty<\log_e\frac{y}{1-y}<+\infty$$

となります．

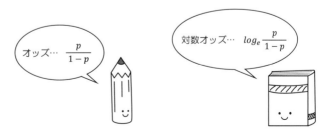

オッズ…　$\dfrac{p}{1-p}$

対数オッズ…　$log_e\dfrac{p}{1-p}$

【2項ロジスティック回帰式】

　2項ロジスティック回帰分析では

従属変数が

$$\begin{cases} \text{ウツ症状……軽症} \\ \text{ウツ症状……重症} \end{cases}$$

のように，2つのカテゴリになっています.

　そこで，

　　　● Pr(重症)…重症になる予測確率＝p

　　　● Pr(軽症)…軽症になる予測確率＝1−p

とすると，

$$\frac{p}{1-p} = \frac{\text{Pr(重症)}}{\text{Pr(軽症)}}$$

となります．よって，

　2項ロジスティック回帰式は

$$\log_e \frac{p}{1-p} = b_1 \times x_1 + b_2 \times x_2 + \cdots b_p \times x_p + b_0$$

$$\log_e \frac{\text{Pr(重症)}}{\text{Pr(軽症)}} = b_1 \times x_1 + b_2 \times x_2 + \cdots b_p \times x_p + b_0$$

と表現することができます.

この
2項ロジスティック回帰式
を使って
予測確率を求めます

【3項ロジスティック回帰式】

　3項ロジスティック回帰分析では

従属変数が

$$\begin{cases} ウツ症状……軽症 \\ ウツ症状…中等症 \\ ウツ症状……重症 \end{cases}$$

のように，3つのカテゴリになります．

　そこで，

- Pr（重症）………重症になる予測確率
- Pr（中等症）…中等症になる予測確率
- Pr（軽症）………軽症になる予測確率

としたとき，軽症を**参照カテゴリ**とすれば

　3項ロジスティック回帰式は

$$\log_e \frac{\Pr(中等症)}{\Pr(軽症)} = b_{11} \times x_1 + b_{12} \times x_2 + \cdots b_{1p} \times x_p + b_{10}$$

$$\log_e \frac{\Pr(重症)}{\Pr(軽症)} = b_{21} \times x_1 + b_{22} \times x_2 + \cdots b_{2p} \times x_p + b_{20}$$

となります．

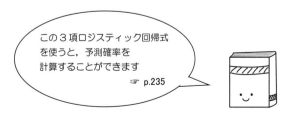

この3項ロジスティック回帰式を使うと，予測確率を計算することができます
☞ p.235

【研究目的】

　次の表は，ウツ症状が軽症，中等症，重症の
理系と文系の大学院生に対しておこなわれたアンケート調査票です．

【　　ウツ症状に関するアンケート調査票　　】

項目1. あなたの専門分野は，次のどれですか？　　　　　　　　　　　　　【専門分野】
　　　1．理系　　　　　　2．文系

項目2. あなたは，近頃楽しいことがないと思いますか？　　　　　　　　　　【楽しみ】
　　　いいえ　←　　　　　　　　　　　　　　　　　　　→　はい
　　　1・・・・・・・・・・・・2・・・・・・・・・・・・3・・・・・・・・・・・・4・・・・・・・・・・・・5

項目3. あなたは生きていることがなんとなくつまらないと思いますか？　　　【人生】
　　　いいえ　←　　　　　　　　　　　　　　　　　　　→　はい
　　　1・・・・・・・・・・・・2・・・・・・・・・・・・3・・・・・・・・・・・・4・・・・・・・・・・・・5

項目4. あなたは近頃やる気が出ないと思いますか？　　　　　　　　　　　【やる気】
　　　いいえ　←　　　　　　　　　　　　　　　　　　　→　はい
　　　1・・・・・・・・・・・・2・・・・・・・・・・・・3・・・・・・・・・・・・4・・・・・・・・・・・・5

この調査結果をもとに，多項ロジスティック回帰分析をおこない，
理系と文系の　ウツ症状　の違いを調べます．

【統計処理の流れ】

統計処理 1

　ウツ症状　を従属変数，質問項目を共変量（＝独立変数）として
多項ロジスティック回帰分析をおこなう．　　　☞ p. 230

統計処理 2

　ウツ症状　に関連のある質問項目を調べる　　　☞ p. 232

統計処理 3

　軽症，中等症，重症の予測確率をそれぞれ求める．　　　☞ p. 234

【データ入力の型】

ウツ症状とアンケート調査結果を，次のように入力します．

	ウツ症状	専門分野	楽しみ	人生	やる気
1	1	1	1	1	2
2	1	1	1	1	4
3	1	1	1	3	3
4	1	1	2	2	2
5	1	1	2	2	3
6	1	1	2	3	1
7	1	1	2	3	2
8	1	1	2	3	3
9	1	1	3	1	2
10	1	1	3	2	3
11	1	2	3	4	3
12	1	2	4	2	4
13	1	2	3	3	3
14	1	2	4	2	4
15	1	2	3	3	3
16	1	2	2	4	2
17	1	2	3	3	3
18	1	2	2	5	2
19	2	1	1	2	2
20	2	1	1	3	3
21	2	1	2	3	3
22	2	1	2	4	4
23	2	1	3	2	2
24	2	2	2	3	2
25	2	2	2	5	4

●ウツ症状
  1…軽症   2…中等症   3…重症

●専門分野
  1…理系   2…文系

	ウツ症状	専門分野	楽しみ	人生	やる気	var
26	2	2	3	3	3	
27	2	2	3	4	4	
28	2	2	3	5	5	
29	2	2	4	3	4	
30	2	2	4	3	5	
31	2	2	4	5	4	
32	3	1	2	2	3	
33	3	1	4	2	3	
34	3	1	2	3	3	
35	3	1	3	1	2	
36	3	1	3	2	1	
37	3	2	4	3	4	
38	3	2	4	3	5	
39	3	2	4	3	5	
40	3	2	4	5	4	

●次のように

$$\boxed{専門分野}=1, \quad \boxed{楽しみ}=2, \quad \boxed{人生}=3, \quad \boxed{やる気}=4$$

を，データの最後に入力しておくと

No. 41の $\boxed{ウツ症状}$ の予測確率を計算してくれます．

	ウツ症状	専門分野	楽しみ	人生	やる気
39	3	2	4	3	5
40	3	2	4	5	4
41	.	1	2	3	4
42					

No.41 の $\boxed{ウツ症状}$ には　入力なし

10.2 多項ロジスティック回帰分析の手順

手順 ① データを入力したら，分析(A) のメニューから

次のように選択します．

多項ロジスティック
= multinomial logistic

手順② 多項ロジスティック回帰 の画面になったら,

ウツ症状 を 従属変数(D) へ移動.

続いて, 参照カテゴリ(E) をクリックします.

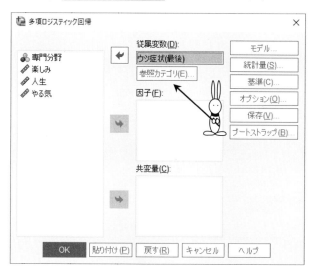

手順③ 参照カテゴリの画面になったら次のように選んで, 続行 .

軽症 ＝1
中等症＝2
重症 ＝3
なので
最初のカテゴリ
を選択します

手順④ 手順2の画面にもどったら，専門分野 を 因子(F) のワクへ，

楽しみ，人生，やる気 を 共変量(C) のワクへ移動します．

続いて， 保存(V) をクリック

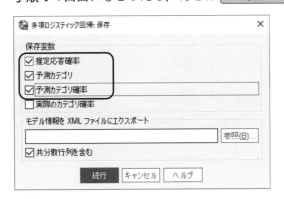

手順⑤ 保存 の画面になったら，次のようにチェックして， 続行 ．

手順4の画面にもどったら，あとは OK ．

● モデル(M) は次のようになっています.

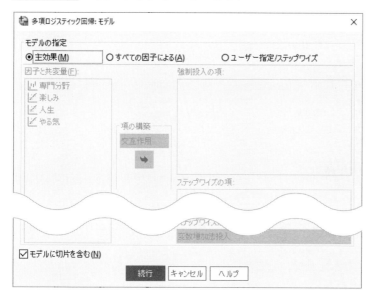

● 統計量(S) は, 次のようになっています.

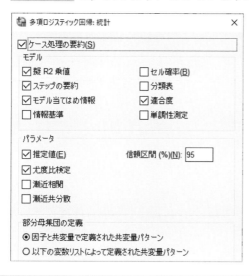

【SPSS による出力・その 1】——多項ロジスティック回帰分析

処理したケースの要約

		度数	周辺パーセント
ウツ症状	軽症	18	45.0%
	中等症	13	32.5%
	重症	9	22.5%
専門分野	理系	20	50.0%
	文系	20	50.0%
有効数		40	100.0%
欠損		0	
合計		40	
部分母集団		27[a]	

a. 従属変数は、19 (70.4%) の部分母集団で
観測された値を 1 つだけ含みます。

モデル適合情報

モデル	モデル当てはめ基準 -2 対数尤度	尤度比検定 カイ 2 乗	自由度	有意確率
切片のみ	69.333			
最終	48.962	20.371	8	.009 ← ①

適合度

	カイ 2 乗	自由度	有意確率
Pearson	40.471	44	.624 ← ②
逸脱	35.674	44	.810

【出力結果の読み取り方・その1】——多項ロジスティック回帰分析

←① 尤度比検定の仮説は，次のようになります．

　　　　仮説 H_0：切片のみのモデル＝最終モデル

　　　　有意確率 0.009 ≦有意水準 0.05

　なので，仮説 H_0 は棄却されます．

　　したがって，

　　　　"多項ロジスティック回帰式の係数はすべて 0 ではない"

　ということがわかります．

切片のみのモデル
＝係数はすべて 0

←② 適合度は，次の仮説を検定しています．

　　　　仮説 H_0：モデルは適合している

　　　　有意確率 ⬚ ＞有意水準 0.05

　のとき，仮説 H_0 は棄却されません．

　　つまり，

　　　　"モデルは適合している"

　となります．

【SPSS による出力・その2】——多項ロジスティック回帰分析

パラメータ推定値

ウツ症状[a]		B	標準誤差	Wald	自由度	有意確率	Exp(B)	
中等症	切片	-6.109	3.311	3.406	1	.065		
	楽しみ	.034	.669	.003	1	.959	1.035	
	人生	.899	.512	3.085	1	.079	2.457	
	やる気	.812	.509	2.542	1	.111	2.253	
	[専門分野=1]	1.060	1.415	.562	1	.454	2.887	← ③
	[専門分野=2]	0[b]	.	.	0	.	.	
重症	切片	-15.285	6.304	5.878	1	.015		
	楽しみ	2.537	1.100	5.320	1	.021	12.638	
	人生	.732	.634	1.334	1	.248	2.080	
	やる気	.796	.693	1.320	1	.251	2.217	
	[専門分野=1]	5.053	2.492	4.113	1	.043	156.481	← ④
	[専門分野=2]	0[b]	.	.	0	.	.	

a. 参照カテゴリは 軽症 です。

b. このパラメータは冗長であるため 0 に設定されています。

●中等症の3項ロジスティック回帰式

$$log_e \frac{Pr（中等症）}{Pr（軽症）} = 0.034 \times \boxed{楽しみ} + 0.899 \times \boxed{人生} + 0.812 \times \boxed{やる気} + 1.060 \times \boxed{専門分野＝1} - 6.109$$

●重症の3項ロジスティック回帰式

$$log_e \frac{Pr（重症）}{Pr（軽症）} = 2.537 \times \boxed{楽しみ} + 0.732 \times \boxed{人生} + 0.796 \times \boxed{やる気} + 5.053 \times \boxed{専門分野＝1} - 15.285$$

【出力結果の読み取り方・その2】——多項ロジスティック回帰分析

←③　中等症の**専門分野**では

　　　　　有意確率 $\boxed{0.454}$ ＞有意水準 0.05

なので,

　　　　　仮説 H_0：［専門分野＝1］の係数＝$\boxed{0}$

は棄却されません.

　　したがって,

　　　　　"$\boxed{専門分野}$ は $\boxed{ウツ症状}$ に影響を与えているとはいえない"

となります. つまり,

　　　　　"中等症の場合, 理系と文系とでは,

　　　　　　　ウツ症状に与える影響に差はない"

となります.

←④　重症の**専門分野**では

　　　　　仮説 H_0：［専門分野＝1］の係数＝0

　　　　　有意確率 $\boxed{0.043}$ ≦有意水準 0.05

なので, 仮説 H_0 は棄却されます.

　　したがって,

　　　　　"$\boxed{専門分野}$ は $\boxed{ウツ症状}$ に影響を与えている"

となります. つまり,

　　　　　"重症の場合, 理系と文系とでは,

　　　　　　　ウツ症状に与える影響に差がある"

ということがわかります.

【SPSSによる出力・その3】——多項ロジスティック回帰分析

	人生	やる気	EST1_1	EST2_1	EST3_1	PRE_1	PCP_1
1	1	2	.920	.076	.004	軽症	.920
2	1	4	.693	.291	.016	軽症	.693
3	3	3	.461	.519	.021	中等症	.519
4	2	2	.750	.158	.092	軽症	.750
5	2	3	.573	.272	.155	軽症	.573	← ⑤
6	3	1	.744	.171	.085	軽症	.744
7	3	2	.565	.292	.143	軽症	.565
8	3	3	.367	.427	.207	中等症	.427
9	1	2	.546	.048	.406	軽症	.546
10	2	3	.203	.100	.697	重症	.697
11	4	3	.472	.484	.045	中等症	.484
12	2	4	.498	.197	.305	軽症	.498
13	3	3	.683	.285	.031	軽症	.683
14	2	4	.498	.197	.305	軽症	.498
15	3	3	.683	.285	.031	軽症	.683
16	4	2	.693	.305	.002	軽症	.693
17	3	3	.683	.285	.031	軽症	.683
18	5	2	.479	.518	.003	中等症	.518
19	2	2	.824	.168	.008	軽症	.824
20	2	3	.461	.519	.021	中等症	.519
21	3	3	.367	.427	.207	中等症	.427
22	4	4	.100	.642	.259	中等症	.642
23	2	2	.362	.079	.559	重症	.559
24	3	2	.847	.152	.001	軽症	.847
25	5	4	.153	.841	.005	中等症	.841
26	3	3	.683	.285	.031	軽症	.683
27	4	4	.284	.656	.060	中等症	.656
28	5	5	.068	.867	.066	中等症	.867
29	3	4	.308	.300	.392	重症	.392
30	3	5	.166	.364	.469	重症	.469
31	5	4	.081	.474	.445	中等症	.474
32	2	3	.573	.272	.155	軽症	.573
33	2	3	.022	.011	.966	重症	.966
34	3	3	.367	.427	.207	中等症	.427
35	1	2	.546	.048	.406	軽症	.546
36	3	1	.558	.054	.388	軽症	.558
37	3	4	.308	.300	.392	重症	.392
38	3	5	.166	.364	.469	重症	.469
39	3	5	.166	.364	.469	重症	.469
40	5	4	.081	.474	.445	中等症	.474

軽症　　　中等症　　　重症

【出力結果の読み取り方・その3】——多項ロジスティック回帰分析

← ⑤　ストレスの予測確率です

No. 5 の場合，p. 232 の 3 項ロジスティック回帰式は

$$\bullet \log \frac{\mathrm{Pr}(中等症)}{\mathrm{Pr}(軽症)} = -0.746$$

$$\bullet \log \frac{\mathrm{Pr}(重症)}{\mathrm{Pr}(軽症)} = -1.306$$

となるので，逆変換をすると

$$\bullet \quad \frac{\mathrm{Pr}(中等症)}{\mathrm{Pr}(軽症)} = \mathrm{e}^{-0.746} = 0.474 \quad ←Ⓐ$$

$$\bullet \quad \frac{\mathrm{Pr}(重症)}{\mathrm{Pr}(軽症)} = \mathrm{e}^{-1.306} = 0.271 \quad ←Ⓑ$$

となります．そこで，

$$\mathrm{Pr}(軽症) + \mathrm{Pr}(中等症) + \mathrm{Pr}(重症) = 1$$

の両辺を Pr（軽症）で割り算して

$$1 + \frac{\mathrm{Pr}(中等症)}{\mathrm{Pr}(軽症)} + \frac{\mathrm{Pr}(重症)}{\mathrm{Pr}(軽症)} = \frac{1}{\mathrm{Pr}(軽症)}$$

Ⓐ，Ⓑを代入すると

$\bullet \mathrm{Pr}(軽症) \quad = 0.573$

$\bullet \mathrm{Pr}(中等症) = 0.474 \times 0.573 = 0.272$

$\bullet \mathrm{Pr}(重症) \quad = 0.271 \times 0.573 = 0.155$

となります．

第11章

反復測定による分散分析
──●変化のパターンを調べる

11.1 反復測定による分散分析とは？

● 分散分析は

"いくつかあるグループ間の母平均の差の検定"

のことです.

グループ A   グループ B   グループ C

母平均 μ_1 母平均 μ_2 母平均 μ_3

仮説 H_0：母平均 μ_1＝母平均 μ_2＝母平均 μ_3

● 反復測定は

"同じ被験者に対して，1回目，2回目，3回目と測定する"

データの配置のことです.

反復測定のデータの配置は，次のようになります.

被験者 No.1	1回目 測定	→	2回目 測定	→	3回目 測定
被験者 No.2	1回目 測定	→	2回目 測定	→	3回目 測定

● 反復測定による 2 元配置のデータの配置は,

次のようになります.

		被験者	因子（時間）		
			1 回目	2 回目	3 回目
因子（グループ）	グループ A	No.1	測定 ⟶	測定 ⟶	測定
		No.2	測定 ⟶	測定 ⟶	測定
		No.3	測定 ⟶	測定 ⟶	測定
	グループ B	No.4	測定 ⟶	測定 ⟶	測定
		No.5	測定 ⟶	測定 ⟶	測定
		No.6	測定 ⟶	測定 ⟶	測定

> これはグループ間に
> 対応のない
> データの型です

【研究目的】

2 種類のセラピーによるウツ症状改善の違いを調べる.

ウツ症状が重度の被験者を 2 つのグループ A と B に分けます.
　● グループ A の被験者に対して，動物セラピーをおこない,

　　開始前　　1 か月前　　2 か月前　　3 か月前

　の Q1DS によるウツの症状を評価します.

　● グループ B の被験者に対して，植物セラピーをおこない,

　　開始前　　1 か月前　　2 か月前　　3 か月前

　の Q1DS によるウツの症状を評価します.

> つまり，このデータは
> 因子 1…反復測定のデータ（時間）
> 因子 2…対応のない 2 つのグループ
> の 2 元配置になります

【統計処理の流れ】

統計処理 | 1 |

　　反復測定による分散分析をおこないます.　　　☞ p. 240

統計処理 | 2 |

　　グループと時間の間に交互作用が

　　存在するかどうか調べます.　　　☞ p. 251

統計処理 | 3 |

　　グループと時間の交互作用が存在するときは

　　　　"2つのグループの A と B の変化のパターンが異なる"

　　と判定します.　　　☞ p. 251

統計処理 | 4 |

　　グループと時間の交互作用が存在しないときは

　　2つのグループ間の差の検定をします.　　　☞ p. 251

【データ入力の型】

反復測定による測定結果を,
次のように入力します.

	グループ	開始前	一か月後	二か月後	三か月後	var
1	1	25	20	15	15	
2	1	24	19	17	14	
3	1	23	18	16	13	
4	1	22	17	12	12	
5	1	23	16	14	14	
6	1	24	17	13	15	
7	1	25	18	15	16	
8	1	23	19	16	15	
9	2	25	22	21	19	
10	2	24	22	17	18	
11	2	25	18	18	17	
12	2	26	16	19	16	
13	2	24	18	20	16	
14	2	23	19	17	18	
15	2	22	22	18	20	
16	2	26	21	16	16	
17						

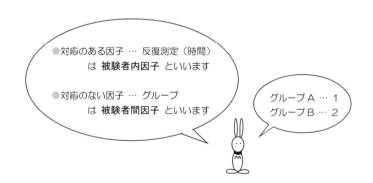

●対応のある因子 … 反復測定（時間）
　　　　は 被験者内因子 といいます

●対応のない因子 … グループ
　　　　は 被験者間因子 といいます

グループ A … 1
グループ B … 2

11.2 反復測定による分散分析の手順

手順 1 データを入力したら，**分析(A)** のメニューから，

次のように選択します．

手順 2 次の反復測定の因子の定義の画面になったら，

被験者内因子名（W）の factor 1 のところに時間と入力.

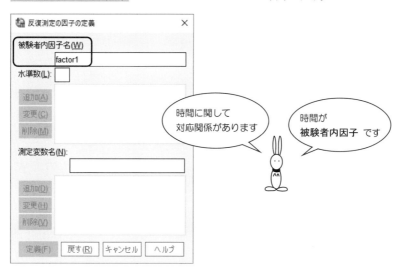

時間に関して
対応関係があります

時間が
被験者内因子 です

手順 3 次に，水準数（L）のワクに $\boxed{4}$ と入力し，

$\boxed{\text{追加（A）}}$ をクリック.

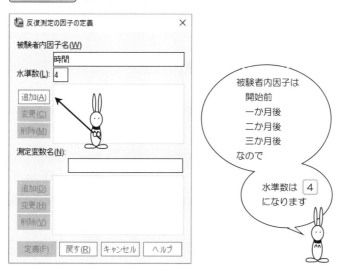

被験者内因子は
開始前
一か月後
二か月後
三か月後
なので

水準数は $\boxed{4}$
になります

手順④ 画面が次のようになったら

定義(F) をクリック.

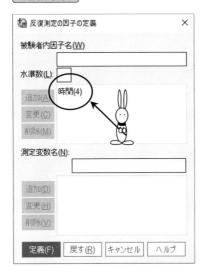

手順⑤ 次の反復測定の画面になったら

開始前，一か月後，二か月後，三か月後

を **被験者内変数(W)** のワクの中へ移動.

手順 6 さらに，グループ を，被験者間因子(B) のワクの中へ.

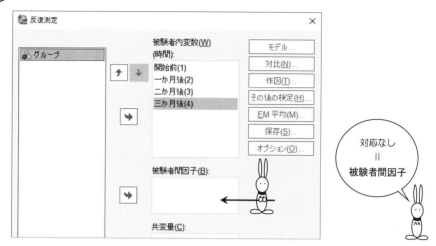

対応なし
＝
被験者間因子

手順 7 グループ が 被験者間因子(B) のワクの中に入ったら，

次は折れ線グラフを作るために，

作図(T) をクリック.

手順8 すると，プロファイルのプロットの画面が現れます．

時間をカチッとして，

横軸(H) の左側の ➡ をクリック．

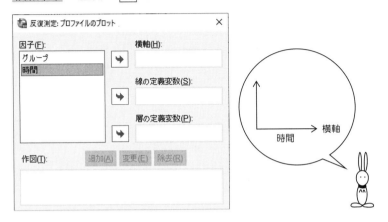

手順9 次のように時間が 横軸(H) の中へ移動したら，

グループ をカチッとして……

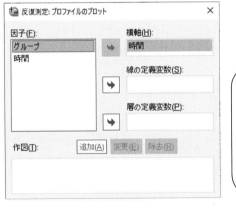

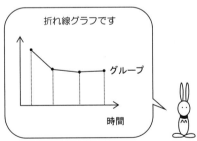

折れ線グラフです

グループ

時間

手順⑩ 線の定義変数(S) の左側の ➡ をクリックすると,

グループ が右のワクへ移動します.

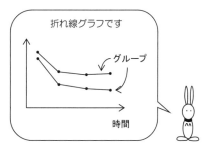

折れ線グラフです

グループ

時間

手順⑪ 最後に 追加(A) をクリックすると, 作図(T) の中が

時間＊グループ となるので, 続行 .

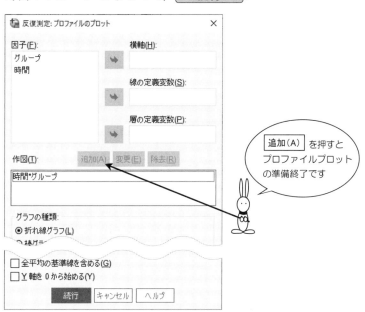

追加(A) を押すと
プロファイルプロット
の準備終了です

手順⑫ 次の画面に戻ったら，オプション(O) をクリック.

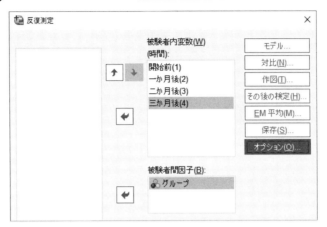

手順⑬ 次のオプションの画面が現れるので，

□ 等分散性の検定(H)

をチェック.

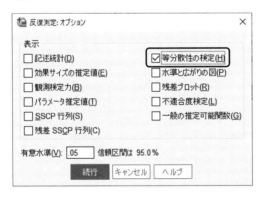

手順 ⑭ 効果サイズを求めたいときは,

□ 効果サイズの推定値(E)

をチェックして, 続行(C) .

検出力を求めたいときは
□観測検定力(B)
もチェックしましょう

手順 ⑮ 次の画面に戻ったら, あとは OK ボタンを!!

【SPSS による出力・その 1】——反復測定による分散分析

Box の共分散行列の等質性の検定[a]

Box の M	21.677
F 値	1.479
自由度 1	10 ← ①
自由度 2	937.052
有意確率	.142

従属変数の観測共分散行列がグループ間で等
しいという帰無仮説を検定します。

a. 計画: 切片 + グループ
　　被験者計画内: 時間

Mauchly の球面性検定[a]

測定変数名: MEASURE_1

被験者内効果	Mauchly の W	近似カイ 2 乗	自由度	有意確率
時間	.725	4.084	5	.538 ← ②

ε^b

被験者内効果	Greenhouse-Geisser	Huynh-Feldt	下限
時間	.826	1.000	.333

正規直交した変換従属変数の誤差共分散行列が単位行列に比例するという帰無仮説を検定します。

a. 計画: 切片 + グループ
　　被験者計画内: 時間

b. 有意性の平均検定の自由度調整に使用できる可能性があります。
　　修正した検定は、被験者内効果の検定テーブルに表示されます。

球面性検定については
参考文献［19］を
参照してください

【出力結果の読み取り方・その1】——反復測定による分散分析

←① ボックスのM検定の仮説は

仮説 H_0：“2つのグループの母分散共分散行列は互いに等しい”

となります.

有意確率 0.142 ＞有意水準 0.05

なので，仮説 H_0 は棄却されません.

したがって，

“2つのグループの母分散共分散行列は等しい”

と仮定します.

←② モークリーの球面性検定の仮説は

仮説 H_0：球面性を仮定する

となります.

有意確率 0.538 ＞有意水準 0.05

なので，仮説 H_0 は棄却されません.

したがって，

“球面性を仮定する”

とします.

被験者内因子の
等分散性の
ようなものです

この仮説 H_0 が棄却されたときは
球面性の仮定が成り立たないので
グリーンハウス・ゲイザーや
ホイン・フェルトのイプシロンを使って
被験者内効果の検定の有意確率を
修正しなくてはなりません

【SPSS による出力・その2】

被験者内効果の検定

測定変数名: MEASURE_1

ソース		タイプ III 平方和	自由度	平均平方	F 値	有意確率
時間	球面性の仮定	654.250	3	218.083	105.206	<.001
	Greenhouse-Geisser	654.250	2.477	264.148	105.206	<.001
	Huynh-Feldt	654.250	3.000	218.083	105.206	<.001
	下限	654.250	1.000	654.250	105.206	<.001
時間 * グループ	球面性の仮定	20.188	3	6.729	3.246	.031 ← ③
	Greenhouse-Geisser	20.188	2.477	8.151	3.246	.042
	Huynh-Feldt	20.188	3.000	6.729	3.246	.031
	下限	20.188	1.000	20.188	3.246	.093
誤差 (時間)	球面性の仮定	87.063	42	2.073		
	Greenhouse-Geisser	87.063	34.676	2.511		
	Huynh-Feldt	87.063	42.000	2.073		
	下限	87.063	14.000	6.219		

被験者間効果の検定

測定変数名: MEASURE_1

変換変数: 平均

ソース	タイプ III 平方和	自由度	平均平方	F 値	有意確率
切片	22650.250	1	22650.250	6256.049	<.001 ← ④
グループ	85.563	1	85.563	23.633	<.001
誤差	50.688	14	3.621		

ソース	偏イータ 2 乗	非心度パラメータ	観測検定力[a]
切片	.998	6256.049	1.000
グループ	.628	23.633	.995

a. アルファ = .05 を使用して計算された

効果サイズ

【出力結果の読み取り方・その2】

←③ 反復測定による分散分析では，交互作用の検定はとても重要 です！

仮説は，次のようになります．

仮説 H_0："時間とグループの間に交互作用は存在しない"

この仮説 H_0 は，次のように言い換えることができます．

仮説 H_0："2 つのグループにおける

変化のパターンは同じである"

出力結果を見ると

有意確率 $\boxed{0.031}$ ≦有意水準 0.05

なので，時間とグループの間に交互作用が存在します．

したがって，

"2 つのグループの変化のパターンは異なっている"

ことがわかります．

ところで，もし，ここで交互作用が 存在しない となると，

2 つのグループの変化のパターンは，p.252 のように平行になっているので，

次に，④へと進みます．

←④ 被験者間効果の検定

仮説 H_0："2 つのグループのセラピーの効果に差はない"

を検定しています．出力結果を見ると

有意確率 $\boxed{<0.001}$ ≦有意水準 0.05

なので，仮説 H_0 が棄却されます．

しかしながら，③を見ると交互作用が存在しているので，

この場合，④の検定には意味がありません．

【SPSS による出力・その 3】

プロファイルプロット

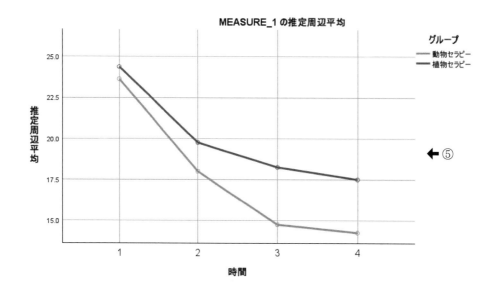

MEASURE_1 の推定周辺平均

グループ
— 動物セラピー
— 植物セラピー

← ⑤

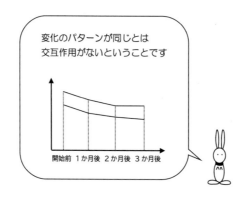

変化のパターンが同じとは
交互作用がないということです

【出力結果の読み取り方・その3】

◀⑤　反復測定による分散分析で大切なのは
　　　このグラフ表現です！

p.251 の
交互作用の検定結果と
一致していますね

　　　このプロファイルプロットを見ると,
　　　　　"2つのグループ間で
　　　　　　　セラピーの変化のパターンに違いがある"
　　　ということを実感できます!!

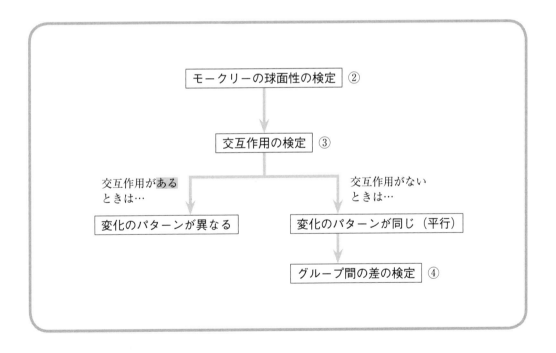

第12章 プロビット分析
──●限界効果を調べる

第12章

12.1 プロビット分析とは？

プロビット分析とは

プロビット変換

を線型モデル

$$y = \beta_1 x_1 + \beta_2 x_2 + \cdots + \beta_p x_p + \beta_0$$

に適用した分析手法です.

プロビット変換は，比率 p （0＜p＜1）に対して

$$p = \int_{-\infty}^{y} \frac{1}{\sqrt{2\pi}} e^{-\frac{x^2}{2}} dx$$

を満たす y （$-\infty < y < +\infty$）を対応させる変換です.

p から y へ！

この対応は，次の図のようになります.

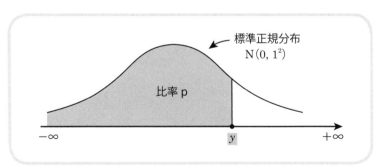

標準正規分布
$N(0, 1^2)$

比率 p

$-\infty$　　　　　y　　　　$+\infty$

次のデータは，16か所の高齢者福祉施設に対して，

認知症対応の有無 ， リハビリ対応の有無 ， 部屋の種類 ， 家庭復帰した人数
を調査した結果です．

表 12.1

施設番号	認知症対応	リハビリ対応	部屋の種類	調査人数	家庭復帰人数
1	なし	あり	個室	4	2
2	なし	あり	多床室	25	18
3	あり	なし	個室	12	7
4	あり	なし	多床室	16	8
5	なし	なし	個室	5	2
6	なし	なし	多床室	6	4
7	あり	なし	個室	6	4
8	あり	なし	多床室	17	10
9	あり	あり	個室	8	5
10	あり	あり	多床室	16	12
11	なし	なし	個室	13	4
12	なし	なし	多床室	18	13
13	なし	あり	個室	9	5
14	なし	あり	多床室	11	8
15	あり	あり	個室	6	3
16	あり	あり	多床室	22	19

$$\text{比率 } p = \frac{\text{家庭復帰人数}}{\text{調査人数}}$$

【研究目的】

● 多床室と個室の人とでは

家庭復帰率はどのくらい異なるのかを調べる.

● リハビリ対応がある場合と

リハビリ対応がない場合とでは

家庭復帰率がどのくらい変化するのか調べる

リハビリ対応があると
早く家に帰れそう…？

【統計処理の流れ】

統計処理 1

家庭復帰人数 を応答度数変数, 調査人数 を総度数変数,

認知症対応 , リハビリ対応 , 部屋の種類 を共変量として,

プロビット分析をおこなう.   ☞ p. 258

統計処理 2

多床室と個室の限界効果を計算する.   ☞ p. 264

統計処理 3

リハビリ対応について, 限界効果を計算する.   ☞ p. 265

【データ入力の型】

表 12.1 のデータは，次のように入力します.

	認知症対応	リハビリ対応	部屋の種類	調査人数	家庭復帰人数
1	0	1	1	4	2
2	0	1	2	25	18
3	1	0	1	12	7
4	1	0	2	16	8
5	0	0	1	5	2
6	0	0	2	6	4
7	1	0	1	6	4
8	1	0	2	17	10
9	1	1	1	8	5
10	1	1	2	16	12
11	0	0	1	13	4
12	0	0	2	18	13
13	0	1	1	9	5
14	0	1	2	11	8
15	1	1	1	6	3
16	1	1	2	22	19

値ラベルをつけると…

	認知症対応	リハビリ対応	部屋の種類	調査人数	家庭復帰人数
1	なし	あり	個室	4	2
2	なし	あり	多床室	25	18
3	あり	なし	個室	12	7
4	あり	なし	多床室	16	8
5	なし	なし	個室	5	2
6	なし	なし	多床室	6	4
7	あり	なし	個室	6	4
8	あり	なし	多床室	17	10
9	あり	あり	個室	8	5
10	あり	あり	多床室	16	12
11	なし	なし	個室	13	4
12	なし	なし	多床室	18	13
13	なし	あり	個室	9	5
14	なし	あり	多床室	11	8
15	あり	あり	個室	6	3
16	あり	あり	多床室	22	19

12.2 プロビット分析の手順

手順 1 データを入力したら，分析(A) のメニューから，
次のように選択します.

手順② プロビット分析の画面になったら，

家庭復帰人数 を 応答度数変数 のワクに移動します．

手順③ 次に，調査人数を 総観測度数変数 のワクに移動します．

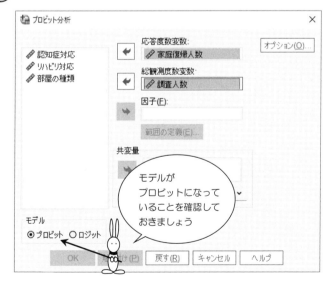

モデルが
プロビットになって
いることを確認して
おきましょう

手順④ 最後に，認知症対応，リハビリ対応，部屋の種類 を 共変量 の
ワクへ移動し， OK をクリック．

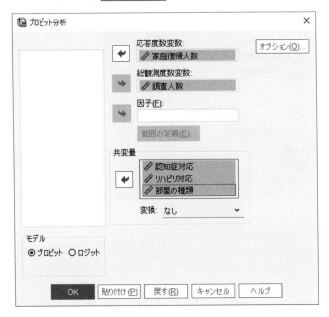

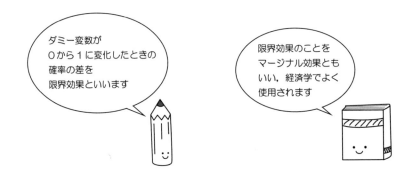

ダミー変数が
0から1に変化したときの
確率の差を
限界効果といいます

限界効果のことを
マージナル効果とも
いい，経済学でよく
使用されます

プロビットモデル式とその確率の関係

プロビットモデル式が

$$\mathrm{PROBIT}(\mathrm{B}) = \mathrm{A}$$

のとき，この式の意味は，次のようになります．

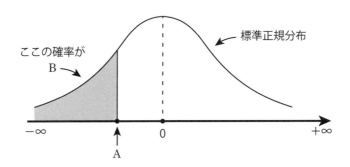

したがって，EXCEL 関数 NORM. S. DIST を利用すると

$$\mathrm{NORM.\ S.\ DIST}(\mathrm{A},\ \mathrm{TRUE}) = \mathrm{B}$$

のように B の値を求めることができます．

- $\mathrm{PROBIT}(\mathrm{B}) = 0.511$
  - ➡ $\mathrm{B} = \mathrm{NORM.\ S.\ DIST}(0.511,\ \mathrm{TRUE}) = 0.695$
- $\mathrm{PROBIT}(\mathrm{B}) = 0.045$
  - ➡ $\mathrm{B} = \mathrm{NORM.\ S.\ DIST}(0.045,\ \mathrm{TRUE}) = 0.518$
- $\mathrm{PROBIT}(\mathrm{B}) = 0.465$
  - ➡ $\mathrm{B} = \mathrm{NORM.\ S.\ DIST}(0.465,\ \mathrm{TRUE}) = 0.679$
- $\mathrm{PROBIT}(\mathrm{B}) = 0.091$
  - ➡ $\mathrm{B} = \mathrm{NORM.\ S.\ DIST}(0.091,\ \mathrm{TRUE}) = 0.536$

【SPSS による出力】——プロビット分析

パラメータ推定値

パラメータ		推定値	標準誤差	Z	有意確率	95% 信頼区間	
						下限	上限
PROBIT[a]	認知症対応	.124	.188	.660	.509	-.245	.493
	リハビリ対応	.374	.189	1.979	.048	.004	.744
	部屋の種類	.466	.198	2.357	.018	.079	.854
	定数項	-.670	.357	-1.875	.061	-1.027	-.313

a. PROBIT モデル: PROBIT(p) = 定数項 + BX

 ①　　　　　　　　 ②

パラメータ推定値の共分散と相関

		認知症対応	リハビリ対応	部屋の種類
PROBIT	認知症対応	.035	.060	-.027
	リハビリ対応	.002	.036	-.095
	部屋の種類	-.001	-.004	.039

共分散 (下) と相関 (上)。

 ③

カイ 2 乗検定

		カイ 2 乗	自由度[a]	有意確率
PROBIT	Pearson 適合度検定	6.799	12	.871

a. 個別のケースに基づく統計量は、ケースの集計に基づく統計量とは異なります。

PROBIT（家庭復帰確率）
＝0.124×認知症対応＋0.374×リハビリ対応
＋0.466×部屋の種類＋0.670

これが
プロビットモデルの式

【出力結果の読み取り方】——プロビット分析

←① プロビットモデルの係数です

←② 共変量の有意性検定

　　　● 仮説 H_0：　部屋の種類　は　家庭復帰　に寄与していない

　　　　有意確率　0.018　≦有意水準 0.05

　　なので，仮説 H_0 は棄却されます.

　　　したがって，

　　　　　　"　部屋の種類　は　家庭復帰　に寄与している"

　　ことがわかります.

　　　● 仮説 H_0：　リハビリ対応　は　家庭復帰　に寄与していない

　　　　有意確率　0.048　≦有意水準 0.05

　　なので，仮説 H_0 は棄却されます.

　　　したがって，

　　　　　　"　リハビリ対応　は　家庭復帰　に寄与している"

　　ことがわかります.

←③ モデルの適合度検定

　　　　　　仮説 H_0：このモデルは適合している

　　　　　　有意確率　0.871　>有意水準 0.05

　　なので，仮説 H_0 は棄却されません.

　　　したがって，このプロビットモデルは適合していると考えられます.

■部屋の種類の限界効果の求め方

その1. 多床室の人の家庭復帰確率を計算します.

PROBIT（多床室の人の家庭復帰確率）

$=0.124×$（認知症対応の平均値）$+0.374×$（リハビリ対応の平均値）

$+0.466×$（多床室）-0.670

$=0.124×0.5+0.374×0.5+0.466×2-0.670$

$=0.511$

多床室の人の家庭復帰確率 $=0.695$　☞ p.261

4人部屋＝2
個室＝1

その2. 個室の人の家庭復帰確率を計算します.

PROBIT（個室の人の家庭復帰確率）

$=0.124×$（認知症対応の平均値）$+0.374×$（リハビリ対応の平均値）

$+0.466×$（個室）-0.670

$=0.124×0.5+0.374×0.5+0.466×1-0.670$

$=0.045$

個室の人の家庭復帰確率 $=0.518$　☞ p.261

その3. 部屋の種類の限界効果を計算します.

部屋の種類の限界効果

$=$ 多床室の人の家庭復帰確率 $-$ 個室の人の家庭復帰確率

$=0.695-0.518$

$=0.177$

　したがって，多床室 の人は 個室 の人に比べて，
家庭復帰確率が約 17.7% 増加します.

■リハビリ対応の限界効果の求め方

その1. リハビリ対応ありの家庭復帰確率を計算します.

PROBIT（リハビリ対応ありの家庭復帰確率）

$=0.124×($認知症対応の平均値$)+0.374×($リハビリ対応あり$)$

$+0.466×($部屋の種類の平均値$)-0.670$

$=0.124×0.5+0.374×1+0.466×1.5-0.670$

$=0.465$

リハビリ対応ありの家庭復帰確率 $=0.679$　☞ p. 261

リハビリ対応あり＝1
リハビリ対応なし＝0

その2. リハビリ対応なしの家庭復帰確率を計算します.

PROBIT（リハビリ対応なしの家庭復帰確率）

$=0.124×($認知症対応の平均値$)+0.374×($リハビリ対応なし$)$

$+0.466×($部屋の種類の平均値$)-0.670$

$=0.124×0.5+0.374×0+0.466×1.5-0.670$

$=0.091$

リハビリ対応なしの家庭復帰確率 $=0.536$　☞ p. 261

その3. リハビリ対応の限界効果を計算します.

リハビリ対応の限界効果

＝リハビリ対応ありの家庭復帰確率 － リハビリ対応なしの家庭復帰確率

$=0.679-0.536$

$=0.143$

　したがって，リハビリ対応あり の人はリハビリ対応なし の人に比べて，
家庭復帰確率が約 14.3% 増加します.

参 考 文 献

[1]　『Kendall's Advanced Theory of Statistics: Volume 1: Distribution Theory』Oxford University Press Inc.（2003）

[2]　『Kendall's Advanced Theory of Statistics: Volume 2A, Classical Inference and the Linear Model』Oxford University Press Inc.（2002）

[3]　『Kendall's Advanced Theory of Statistics: Volume 2B, Bayesian statistics』Oxford University Press Inc.（1999）

[4]　『The Oxford Dictionary of Statistical Terms』edited by Yadolah Dodge, Oxford University Press Inc.（2006）

以下，東京図書刊

[5]　『改訂版 すぐわかる多変量解析』石村貞夫・石村光資郎著（2020）

[6]　『改訂版 すぐわかる統計解析』石村貞夫・石村友二郎著（2019）

[7]　『すぐわかる統計処理の選び方』石村貞夫・石村光資郎著（2010）

[8]　『すぐわかる統計用語の基礎知識』石村貞夫・D. アレン・劉晨著（2016）

[9]　『入門はじめての統計解析』石村貞夫・石村光資郎著（2006）

[10]　『入門はじめての多変量解析』石村貞夫・石村光資郎著（2007）

[11]　『入門はじめての分散分析と多重比較』石村貞夫・石村光資郎著（2008）

[12]　『入門はじめての統計的推定と最尤法』石村貞夫・石村光資郎他著（2010）

[13]　『改訂版 入門はじめての時系列分析』石村貞夫・石村友二郎著（2023）

[14]　『Excel でやさしく学ぶ統計解析 2019』石村貞夫・石村友二郎他著（2019）

[15]　『卒論・修論のためのアンケート調査と統計処理』石村光資郎・石村友二郎著, 石村貞夫監修（2014）

[16]　『SPSS によるベイズ統計の手順』石村光資郎・石村貞夫著（2023）

[17]　『すぐわかる医療統計の選び方』石村貞夫・石村光資郎著・久保田基夫監修（2023）

[18]　『SPSS によるアンケート調査のための統計処理』石村光資郎著・石村貞夫監修（2018）

[19]　『SPSS による分散分析・混合モデル・多重比較の手順』石村光資郎著・石村貞夫監修（2021）

[20]　『SPSS による多変量データ解析の手順（第 6 版)』石村光資郎著・石村貞夫監修（2021）

[21]　『SPSS でやさしく学ぶ統計解析（第 7 版)』石村友二郎著・石村貞夫監修（2021）

[22]　『SPSS でやさしく学ぶ多変量解析（第 6 版)』石村友二郎著・石村貞夫監修（2022）

[23]　『SPSS による統計処理の手順（第 10 版)』石村光資郎著・石村貞夫監修（2023）

[24]　井上正明, 小林利宣. 日本における SD 法による研究分野とその形容詞対尺度構成の概観. 教育心理学研究. 33(3)：253-260, 1985

　　　 DOI https://doi.org/10.5926/jjep1953.33.3_253

[25]　日本建築学会編. 建築・都市計画のための調査・分析方法［改訂版]. 井上書院, 2012

索　引

■著者紹介

石村貞夫（いしむらさだお）
1975 年　早稲田大学理工学部数学科卒業
1977 年　早稲田大学大学院理工学研究科数学専攻修了
現　在　石村統計コンサルタント代表
　　　　理学博士・統計アナリスト

石村友二郎（いしむらゆうじろう）
2009 年　東京理科大学理学部数学科卒業
2014 年　早稲田大学大学院基幹理工学研究科数学応用数理学科
現　在　文京学院大学　教学 IR センター特任助教
　　　　戦略企画・IR 推進室職員

装幀　今垣知沙子（戸田事務所）　　イラスト　石村多賀子

SPSSによる（エスピーエスエスによる）
心理分析のための統計処理の手順（しんりぶんせきのためのとうけいしょりのてじゅん）
©Sadao Ishimura & Yujiro Ishimura 2024

2024 年 2 月 25 日　第 1 版第 1 刷発行　　　　Printed in Japan

著　者　石　村　友二郎
監　修　石　村　貞　夫
発行所　東京図書株式会社

〒102-0072 東京都千代田区飯田橋 3-11-19
振替 00140-4-13803　電話 03（3288）9461
http://www.tokyo-tosho.co.jp/

ISBN 978-4-489-02422-1